GABI MAHAMUD

O LIVRO DE RECEITAS DO BLOG

Flor de Sal

PARA UMA ALIMENTAÇÃO MAIS
NATURAL E CONSCIENTE

Copyright do texto e das fotos © 2018 Gabrielle Emily Mahamud
Copyright desta edição © 2018 Alaúde Editorial Ltda.

Todos os direitos reservados. Nenhuma parte desta edição pode ser utilizada ou reproduzida – em qualquer meio ou forma, seja mecânico ou eletrônico –, nem apropriada ou estocada em sistema de banco de dados sem a expressa autorização da editora.

O texto deste livro foi fixado conforme o acordo ortográfico vigente no Brasil desde 1º de janeiro de 2009.

Preparação: Camile Mendrot e Tatiane Ivo (Ab Aeterno)
Revisão: Claudia Vilas Gomes, Rosi Ribeiro Melo
Capa e projeto gráfico: Rodrigo Frazão
Fotos: Iuri Poletti (p. 2), Bruna Michellin (p. 119) e Lex Kozlik (p. 144)
Objetos: Panipano (panos e avental); Estúdio Boitatá e Vida Feita à Mão (cerâmicas)
Logo do blog: Greco Design

Agradecimentos: Maitê César (medicina integrativa e preventiva), Marcia Bello (coach), Valentina Slaviero (nutricionista funcional)

1ª edição, 2018 / 2ª edição, 2022
Impresso no Brasil

Dados Internacionais de Catalogação na Publicação (CIP)
(Câmara Brasileira do Livro, SP, Brasil)

Mahamud, Gabi
Flor de sal : o livro de receitas do blog para uma alimentação mais natural e consciente / Gabi Mahamud. -- 2. ed. -- São Paulo : Alaúde Editorial, 2022.

ISBN 978-65-86049-82-4

1. Alimentos naturais 2. Blogs (Internet) 3. Blog Flor de Sal (Programa de Internet) 4. Culinária brasileira 5. Gastronomia 6. Receitas culinárias I. Título.

22-110058   CDD-641.5981

Índices para catálogo sistemático:
1. Blog Flor de Sal : Receitas : Culinária brasileira : Economia doméstica 641.5981
Cibele Maria Dias - Bibliotecária - CRB-8/9427

O conteúdo desta obra, agora publicada pelo Grupo Editorial Alta Books, é o mesmo da edição anterior.

2022
A Editora Alaúde faz parte do Grupo Editorial Alta Books
Avenida Paulista, 1337, conjunto 11
01311-200 – São Paulo – SP
www.alaude.com.br
blog.alaude.com.br

Sumário

Introdução	6
Comer é um ato revolucionário	9
Comida é afeto	11
Desperdice menos	14
Minha avó fazia comidinhas de memória afetiva	17
Pratos salgados para encher a pança	41
Snacks para enganar a fome	69
Doces agrados	91
Bebidas para molhar o bico	113
Receitas úteis para facilitar a vida	127
Índice alfabético	142

Introdução

> "A grandeza não está em ser forte, mas no correto uso da força (...). Grande é aquele cuja força impulsiona mais corações pela atração do próprio coração!"
>
> Henry Ward Beecher

Quando criança, o que você queria ser quando crescesse? Já parou para pensar nos motivos que te levaram a seguir ou não esse caminho? Quando era criança, eu queria ser presidente.

Sempre fui meio esquisita, meio espoleta, vivia com o dedão machucado e não perdia a chance de me divertir, mas tinha uma coisa que, desde bem pequena, fazia meu coração doer demais: as desigualdades! Ver alguém com fome ou na rua me deixava muito chateada. Um dia perguntei para a minha mãe o que eu deveria me tornar se quisesse mudar essa situação, mudar o mundo, e ela respondeu – tentando resumir a informação do jeito mais fácil possível para uma criança de 6 anos: "Presidente".

Mas você deve estar se perguntando – o que isso tem a ver com comida? Vem comigo que eu explico :)

Nasci numa família mineira bem simples e comida sempre foi um ponto focal em casa. Férias de julho era sinônimo de família reunida para fazer pamonha com o milho que vinha da roça a 300 metros de casa. Comíamos até a barriga doer. Claro que sempre bisbilhotei tudo muito atentamente – e às vezes nem tão atenta assim: aos 10 anos, por distração, quase coloquei fogo na casa da minha avó tentando cozinhar sozinha.

Na minha adolescência, minha mãe resolveu abrir um restaurante. A cozinha era comandada por uma chef formada na França, e ela mudou completamente o meu olhar sobre a comida. Eu já estava acostumada a comer bem – minha mãe e minha avó sempre tiveram mão boa para cozinhar, raramente

precisavam seguir receita –, mas o que me encantou naquela chef foi a forma como ela usava técnicas para que os pratos tivessem o melhor sabor possível. Cá entre nós, foi o petit gâteau que mais me impressionou: um trem que quase não levava farinha, não cozinhava direito e ficava bom daquele jeito? Só podia ser bruxaria!

Quis estudar gastronomia, mas a vida acabou me levando para a arquitetura e, logo de cara, para o urbanismo – uma ferramenta para, quem sabe, fazer a diferença no mundo.

Durante a faculdade, fui morar na Itália e mudei novamente meu olhar sobre o alimento. Lá, a hora da refeição era mesmo sagrada, os ingredientes eram sempre tão frescos, locais, de qualidade. Mas não foi só o olhar que mudou, meu corpo também, e acabei engordando 10 quilos.

Decidida a mudar de novo, comecei a correr e a observar uma alimentação mais saudável. Foi nessa época também que parei de comer carne. Era um produto bem caro por lá e, como boa estudante, preferia guardar meu dinheiro pra viajar. Foi assim que meu paladar se desacostumou do sabor da carne e aproveitei para me engajar em uma filosofia que eu já paquerava há um tempo, também por questões espirituais e ambientais: o vegetarianismo.

Quanto mais corria, mais lia sobre alimentação. Quanto mais estudava, mais queria contar aos quatro cantos tudo o que estava descobrindo sobre saúde, comida e sustentabilidade.

De volta ao Brasil, fui morar em Curitiba. Descobri uma intolerância à lactose e, mais recentemente, uma sensibilidade ao glúten me surpreendeu. Durante todo esse tempo, me aprofundei nos estudos e fui modificando meu cardápio. Hoje tenho muita consciência de que somos regidos pelos nutrientes que ingerimos, de que a forma como consumimos tem impacto no mundo e no meio ambiente e de que nossas escolhas podem governar (ou desgovernar) a nossa vida.

Dessas descobertas nasceu o blog Flor de Sal. Eu precisava compartilhar as mudanças que aconteceram comigo e dividir as minhas receitas para que todos que tivessem restrições alimentares ou compartilhassem dos mesmos ideais pudessem saborear pratos saborosos, preparados de forma consciente e sustentável. Por outro lado, meu coração queria lutar por uma causa importante e clara, e então nasceu um projeto social lindo, o Good Truck. Começou com o propósito de recolher frutas, verduras e legumes que seriam jogados fora nos centros de abastecimento e preparar refeições para moradores de rua e comunidades carentes. Hoje também trabalhamos com o desenvolvimento pessoal dos voluntários e falamos sobre alimentação e consumo consciente em empresas e escolas.

No começo, tudo parecia uma loucura da minha cabeça: largar uma profissão para me dedicar a coisas tão incertas como um blog e um projeto social não parecia ser possível para alguém cuja família não tinha muitos recursos financeiros. Mas aos poucos meus esforços foram sendo reconhecidos e minha voz foi ganhando força. Fui selecionada para participar de um evento da ONU na Dinamarca, me tornei membro do Global Shapers (grupo de jovens transformadores ligado ao Fórum Econômico Mundial) e do Slow Food, encontrei na chef Manu Buffara uma grande parceira e amiga, palestrei nos maiores eventos de gastronomia, sustentabilidade e empreendedorismo social do país, recebi uma homenagem da minha cidade natal pelo meu trabalho, tive a grande honra de cozinhar ao lado de excelentes chefs do mundo, como Alex Atala e Christian Puglisi.

Comer é mesmo um ato revolucionário. A comida é uma ferramenta de transformação do mundo – do nosso mundo interior e do mundo ao nosso redor. Se, por um lado, a comida rege o funcionamento da nossa máquina (o corpo), levando-nos ao aproveitamento máximo de nosso potencial (inclusive pela densidade energética de cada alimento que comemos); por outro, é um recurso ameaçado pelo limite da capacidade de produção do meio ambiente. Precisamos rever nossas escolhas, nos reconectar com a origem do que consumimos, nos responsabilizar pelo impacto da trajetória e nos preocupar com o destino final de nossos produtos depois de utilizados. Comer é um ato político, social, histórico, geográfico, religioso, econômico e cultural e, portanto, revolucionário, sim (e muito!).

Pensando nisso, desenvolvi as receitas deste livro com muito carinho porque, ao final, quero que vocês sejam não só leitores, mas grandes amigos, conscientes das suas escolhas, revolucionários comigo. Juntos podemos mudar o mercado, melhorar o estado do mundo, lutar por mais igualdade, cuidar do meio ambiente e deixar um legado de amor. Juntos, somos mais fortes!

Comer é um ato revolucionário

Gostaria de dividir com vocês alguns valores que regem meu trabalho e norteiam as minhas escolhas de vida:

CONSUMO LOCAL

Tanto os ingredientes das receitas quanto os objetos que usei nas fotos são produzidos local e artesanalmente. Dessa forma, consigo falar com o produtor, quem sabe pedir algum detalhe especial, conhecer o processo, fomentar a renda local e ainda estimular e apoiar quem tem valores similares aos meus. Também é uma forma de enfraquecer o monopólio e desestimular a monocultura.

COMIDA DE VERDADE

Minhas receitas são pensadas para atender o paladar, as necessidades nutricionais, a memória afetiva e o coração. Comida de verdade é tudo aquilo que nossos ancestrais reconheceriam como alimento. A natureza é completa e maravilhosa, somos parte dela e ela nos fornece tudo de que precisamos. A minha produtividade, disposição, desenvolvimento e raciocínio melhoraram muito depois que comecei a comer somente aquilo que conseguia comprar na tão amada feira orgânica de sábado e em lojas de produtos naturais a granel, e certamente você vai ver isso refletido aqui. :)

COMIDA COMO CULTURA

Uma vez ouvi a Paola Carosella dizer que a comida toca a cultura quando se refere a quem somos, de onde viemos. É o que acontece quando aquilo que criamos e colhemos, o lugar de onde viemos e o que fazemos no cotidiano, junto com outras referências culturais, definem o que comemos. Não só no sentido de prepararmos pratos regionais com mais frequência, mas de usar insumos locais como uma forma de manter a cultura ativa e desfrutar da diversidade que a nossa terra nos oferece. Neste livro, passo por diversas das nossas culturas para compartilhar esse "mundo brasileiro" de forma acessível.

EMPATIA, COMPAIXÃO E ALTRUÍSMO

Tento sempre me enxergar como parte do todo. Não estou sozinha, minhas escolhas não afetam somente a mim, e não estou aqui para usufruir do mundo e do meio ambiente, mas para construir em conjunto. Esse sentimento de ser parte integrante mudou a minha cabeça! Comecei a refletir sobre os motivos de ter me tornado vegetariana e sobre "escolher" por quem ter compaixão ou empatia; sobre ter um projeto social que atendia moradores de rua e não prestar atenção se estava sendo educada com o porteiro do prédio que só queria bater um papo despretensioso. Somos 1,6 milhão de espécies coabitando esse lugar. Somos iguais e fazemos parte do mesmo ecossistema.

EMPODERAMENTO

Saber cozinhar tem a ver com independência, é libertador! Quando você tem só 4 ou 5 ingredientes em casa, mas sabe cozinhar, já consegue fazer uma refeição gostosa em menos de 20 minutos. Quem sabe cozinhar consegue saber o que comprar e o que está comendo, comer aquilo de que gosta e se libertar das promessas da indústria e do mercado. Meu despertar para a cozinha aconteceu quando me dei conta de duas coisas: a primeira é que cozinhar é uma forma de se cuidar, é um carinho que a gente tem consigo mesmo e com as pessoas ao nosso redor. A segunda foi que, escolhendo comprar de determinado lugar ou pessoa, eu também estava escolhendo quem beneficiar com meu poder de compra, quem defender, em que acreditar, a quem dar poder. Escolho o meu discurso através do meu prato – me empodero e empodero outros.

SABOR

Ninguém vai deixar de comer pizza para comer algo que não dê o mesmo prazer. Por isso, desde o início do blog, tenho como regra praticar, experimentar, testar e buscar a receita mais incrivelmente saborosa possível! Se preciso ponderar entre ter o trabalho de cozinhar ou comer uma bela sobremesa já pronta, lembro que meus pratos, além de serem gostosos, não me fazem mal e carregam todos esses valores, então ficam ainda mais deliciosos para mim. Mesmo que as pessoas não saibam de todo o propósito de saúde e sustentabilidade por trás das minhas receitas, quero que escolham cozinhar para si e para os outros por prazer, por alegria, por satisfação em primeiro lugar; que estabeleçam uma relação de admiração e então olhem com mais carinho e respeito para o que as norteiam. Comida é afeto! Afetuosa seja!

Comida é afeto

É claro que existem alguns segredinhos para deixar um prato ainda mais maravilhoso: a união de cor, textura, sabor e humor. Uma mistura de sensações que realça o sabor e enriquece a sua experiência. A seguir, dou algumas dicas:

AJUSTE A TEMPERATURA: Em alimentos mais frios, percebemos melhor o gosto azedo. Quando o alimento está com uma temperatura mais alta, percebemos mais a doçura.

VARIE AS TEXTURAS: Um prato tecnicamente bom e saboroso tem que conter o aveludado, o crocante, um toque de acidez e o aroma dos condimentos. Tente combinar castanhas torradas com um purê ou arroz, use raspas da casca de limão e laranja ou ainda algum fermentado, como missô, e abuse das especiarias e ervas.

ESCOLHA O TAMANHO DOS CORTES: Acredite ou não, o tamanho dos cubos de pimentão influencia no sabor do vinagrete. Como cozinhamos numa escala macro (panela, tigela), mas comemos numa escala micro (bocados, mordidas), o equilíbrio de ingredientes em cada garfada é muito importante na percepção do sabor.

TEMPERE ÀS COLHERADAS: Use e abuse de ervas, especiarias e temperos. Além de trazerem mais sabor, são muito ricos em nutrientes. Aqui em casa uso muito alho, missô (que tem bastante umami, cujo significado é "gosto delicioso" e evocar o sabor natural do glutamato), noz-moscada, pimentas, canela, alecrim, cominho e muitas ervas frescas. Sal e limão são grandes realçadores de sabor, pois abrem as papilas gustativas para que a gente consiga sentir os sabores com mais intensidade. A flor de sal é ótima para finalizações.

CAPRICHE NA ATMOSFERA: No livro *The Perfect Meal*, o autor, Charles Spence, listou alguns fatores que influenciam o sabor da comida, mas não têm ligação direta com o prato em si, e a atmosfera, o clima em que essa comida está sendo degustada, é um deles. Se for um lugar confortável, seguro, limpo, com luz amarelada e boa temperatura, talheres pesados e louça clara, música e companhia agradáveis, certamente o sabor será melhor.

USE AS TÉCNICAS A SEU FAVOR: Fermentar, marinar, tostar, grelhar e assar são técnicas que podem ressaltar, melhorar e modificar o sabor dos alimentos. As três últimas, por exemplo, reduzem a quantidade de água, fazendo com que o sabor fique mais concentrado, e chegam até a caramelizar os que possuem mais açúcar, trazendo uma experiência incrível para o paladar e para o olfato. Meus tomates confitados são a prova disso: encontre-os na hashtag #dicaflordesal no Instagram. ;)

APRENDA SOBRE TRILHAS DE SABOR E COMBINAÇÕES POR SIMILARIDADE OU CONTRASTE: Os livros *Como cozinhar sem receitas* e *Dicionário de sabores* me ajudaram muito a pensar na composição de sabor do prato na hora de elaborar uma receita. Através deles aprendi que, quanto mais sabores explorarmos num prato (azedo, amargo, doce, salgado e umami), melhor vai ser nossa experiência ao degustá-lo. Outra dica importante é que podemos fazer combinações de ingredientes por similaridade (como café, chocolate e amendoim) ou por contraste, por exemplo, café e especiarias.

Para você comer de forma equilibrada e diminuir o desperdício no dia a dia, siga esta tabela. Multiplique as quantidades pelos dias da semana e pelo número de pessoas que moram e comem na casa e faça suas compras de forma mais organizada:

FRUTAS	FOLHOSOS	LEGUMES E VERDURAS
2 porções (2 frutas médias)	2 xícaras ou mais	2 xícaras
GRÃOS, CEREAIS E TUBÉRCULOS COZIDOS	LEGUMINOSAS COZIDAS	OLEAGINOSAS
1 xícara	1 xícara	até ¼ de xícara ou 1 punhado

PEQUENAS ATITUDES, GRANDE IMPACTO

Invista em autoconhecimento. Aprimore sua inteligência emocional e empatia. Você pode inspirar alguém a ser como você e dar início a uma reação em cadeia e dar mais um passo em direção a uma sociedade em que haja respeito por todas as espécies.

Diminua a sua produção de lixo. Compre alimentos a granel, leve sacolas e saquinhos de pano para não precisar de sacolinhas plásticas. Alimente-se com responsabilidade, tenha um guarda-roupa autêntico e que retrate sua personalidade, prefira produzir suas coisas em casa e usar produtos com refil.

Escolha uma causa que te toca de verdade. Estude e leia sobre o assunto: o conhecimento transforma, sensibiliza, tira as pessoas da ignorância e oferece novas possibilidades. E, sim, isso implica fazer mudanças na sua vida, mas quem não consegue transformar a si jamais vai transformar o mundo. Aja por quem não pode escolher.

Compre produtos que não agridam o meio ambiente. Procure produtos de limpeza biodegradáveis ou faça a sua versão caseira. Prefira cosméticos sem química e que não sejam testados em animais. Evite o plástico a todo custo e prefira produtos locais.

Diminua o uso de água. Preste atenção ao modo com que você usa a água no dia a dia e pesquise quanta água é necessária para produzir as coisas que você costuma comprar.

Para saber mais sobre a 4ª revolução industrial, os 17 Objetivos de Desenvolvimento Sustentável da ONU, as empresas B e o setor 2.5, acesse o QR Code ou o link.

bit.ly/2GOA8Ok

Desperdice menos

Da colheita até o cliente final, passando pelo transporte e pela redistribuição, desperdiça-se cerca de 60% de toda a produção alimentícia. Em casa, jogamos fora 30% de tudo o que compramos ou consumimos. Estima-se que mais de um terço de toda a comida produzida no mundo é jogada fora, uma quantidade quatro vezes maior do que a necessária para acabar com a fome no planeta. Se continuarmos assim, não haverá alimentos e água no futuro para todos, e a disputa entre os países pelos recursos naturais vai se acirrar cada vez mais. Por mais contraditório que pareça, nunca se produziu tantos alimentos e nunca tantas pessoas passaram fome.

PLANEJAMENTO

Acho que esta é a dica mais importante. Planeje suas compras. Faça uma agenda com o cardápio de cada dia e escreva uma lista com os produtos que realmente estão em falta, evitando manter estoques. Isso vai fazer com que você não gaste dinheiro à toa. Para preparar a lista, use a criatividade e aposte na técnica da dobradinha: se vai preparar arroz integral, então já imagine que a sobra pode virar uma deliciosa massa de pizza. Se comprou beterrabas, as folhas podem entrar no suco verde ou virar uma deliciosa farofa.

VALIDADE

Na hora de cozinhar, dê preferência aos alimentos que estão próximos do vencimento. Você pode anotar quais são em uma lista e colar na geladeira para não esquecer ou mesmo deixá-los mais à frente na despensa. Também vale lembrar que a data de validade é uma sugestão, não significa necessariamente que o produto estragou. Desde que esteja bem armazenado, com cheiro, aspecto e sabor bons, seu consumo ainda pode ser seguro.

ARMAZENAMENTO

Antes de guardar frutas, verduras e legumes na geladeira, higienize bem e seque direitinho. Depois de parti-los, guarde as sobras em embalagens hermeticamente fechadas para evitar a proliferação de bactérias.

PERIODICIDADE

Experimente ir ao mercado mais vezes e trazer menos produtos. Isso nos ajuda a comprar apenas o necessário, evitando aquele monte de alimentos que acabam se deteriorando porque esquecemos ou não tivemos a oportunidade de usar. Lembre-se também de que quanto mais fresco, mais nutritivo. :)

APROVEITAMENTO

Literalmente, aproveite seus alimentos até o talo. É possível utilizar partes não convencionais como cascas e talos, por exemplo, e é uma ótima forma de desperdiçar menos, economizar mais e aproveitar todos os nutrientes dos alimentos. Muitas vezes, a casca tem mais vitaminas do que a polpa. E mais: embora muitas pessoas não queiram comer a casca por medo dos agrotóxicos, alguns estudos já provaram que o agrotóxico pode penetrar no alimento e, portanto, retirar a casca não faz muita diferença.

APARÊNCIA

Se uma fruta ou um legume tiver um machucadinho em algumas partes, corte-as e use o que sobrou. Lembre-se também de comprar na feira aquelas cenouras ou maçãs com formato esquisito. Se ninguém é igual a ninguém, por que exigir que os legumes sejam iguais entre si?

COMPOSTAGEM

Reduza a quantidade de restos de comida jogada no lixo, optando por fazer a sua própria compostagem em casa e transformando o desperdício em um recurso renovável. O húmus resultante do processo pode ser utilizado para adubar plantas em vasos e jardins.

CONGELADOS

Se perceber que comprou uma quantidade de um determinado ingrediente maior do que vai conseguir consumir logo, congele e aproveite-o em outros preparos nas semanas seguintes.

AJUDE QUEM PASSA FOME

Antes de jogar a comida fora, pare e pense que tem uma pessoa que está passando fome ou, no mínimo, comendo coisas pouco nutritivas. Se sobrar algum alimento que esteja apropriado para o consumo, passe adiante para alguém que precise.

Minha avó fazia

comidinhas de memória afetiva

Pãozinho de abóbora com alecrim

RENDIMENTO: 20 PÃEZINHOS

3 colheres (sopa) de azeite
½ xícara de água ou leite vegetal
(pp. 130-131)
½ xícara de abóbora assada
e amassada
1½ xícara de polvilho azedo
1 colher (sopa) de linhaça
1 colher (sopa) de gergelim
1 colher (chá) de levedura
nutricional (ver dica)
1 colher (sopa) de alecrim
½ colher (chá) de pimenta-do-reino
sal a gosto

1 Preaqueça o forno a 220 °C e unte uma assadeira com um fio de azeite.

2 Aqueça o azeite e a água (ou leite) até ferver.

3 Enquanto isso, em uma tigela, amasse bem a abóbora até virar um purê. Acrescente o polvilho e misture bem. Despeje o azeite e a água (ou leite) ferventes sobre a mistura de abóbora e polvilho e mexa com a ajuda de uma colher até esfriar um pouco. Então, junte os demais ingredientes, amassando-os com as mãos ou com uma colher até obter uma massa homogênea e um pouco pegajosa.

4 Deixe a massa descansar por uns 10 minutos e, em seguida, faça bolinhas um pouco menores do que uma bola de pingue-pongue. Disponha-as na assadeira untada deixando uma distância de cerca de três dedos entre elas para que cresçam sem grudar umas nas outras.

5 Leve os pãezinhos ao forno e asse por mais ou menos 30 minutos ou até que estejam bem dourados. Sirva-os quentinhos com requeijão de inhame (p. 135).

Você também pode usar a abóbora cozida em água, mas a quantidade total de água da receita pode diminuir. Nesse caso, despeje apenas metade da água indicada e depois junte mais, se necessário.

Assim que você terminar de misturar todos os ingredientes, sua massa estará bem úmida. Deixá-la descansando é importante para que absorva a água e fique mais fácil de manusear, o que deixará seu pãozinho úmido e macio depois de assado.

A levedura nutricional serve para dar o sabor fermentado do queijo, mas é opcional e pode ser substituída por fermento biológico. Para fazer a receita com mandioquinha ou batata-doce, use as mesmas proporções e ajuste a quantidade de água (geralmente para mais).

Biscoitinho de polvilho

RENDIMENTO: MUITOS! UM PACOTE BEM GRANDÃO.

- 2 xícaras de polvilho azedo
- ½ xícara de leite vegetal (pp. 130-131)
- ½ xícara de óleo de girassol
- ¼ de xícara de azeite
- 2 colheres (sopa) de farinha de linhaça
- ½ colher (sopa) de sal
- 1²/₃ xícara de água fervente
- 2 a 3 colheres (sopa) de chia

1. Preaqueça o forno a 200 °C e unte com óleo uma assadeira bem grande.
2. Em um recipiente, peneire o polvilho para desfazer as bolinhas. Acrescente, sem misturar, o leite, o óleo, o azeite, a linhaça, a chia e o sal.
3. Ferva a água e despeje-a sobre os outros ingredientes e, só então, mexa tudo até obter uma massa homogênea. Deixe descansar por 5 minutos.
4. Coloque a massa em um saquinho de confeiteiro ou dentro de um saco plástico firme (nesse caso, faça um furinho na ponta) e modele os biscoitinhos na assadeira, deixando espaço entre eles, pois crescem bastante.
5. Asse por 20 minutos ou até que estejam douradinhos.

O tempo de forno vai depender muito do tamanho dos biscoitos e da potência do seu forno. Assim, atente-se para não deixar tempo demais no forno e queimar os biscoitos ou tirá-los cedo demais e deixá-los moles. Armazene-os em um recipiente hermético para que permaneçam crocantes. Conselho de amiga: antes de comer, aqueça os biscoitos um pouquinho no forno e eles vão ficar crocantes e deliciosos de novo. Acesse o QR Code ou o link e veja a consistência da massa.

bit.ly/2GzVAKp

21

Pastel de farinha de milho recheado com casca de banana

RENDIMENTO: 20 PASTÉIS

RECHEIO

2 xícaras de casca de banana orgânica cortada em cubos
suco de ½ limão ou 1 colher (sopa) de vinagre
1 cebola cortada em cubos
2 colheres (sopa) de azeite
2 dentes de alho macerados
temperos a gosto (usei missô, páprica defumada, tofu defumado em pó,
noz-moscada e pimenta-do-reino)
3 tomates sem sementes cortados em cubos
salsinha picada a gosto

MASSA

4 xícaras de água, ou até dar o ponto
5 xícaras (500 g) de farinha de milho
5 colheres (sopa) de polvilho azedo
1 colher (café) de sal
óleo para fritar

No blog, existem inúmeras receitas preparadas com ingredientes que costumamos jogar fora no dia a dia. Acesse o QR Code ou o link e comece a diminuir o impacto ambiental causado pelo descarte de alimentos. :)

bit.ly/2pqV9ve

1 Comece pelo recheio: coloque a casca de banana em uma tigela e cubra com água filtrada. Junte o suco do limão ou o vinagre (eles têm a tarefa de aliviar a adstringência da casca da banana) e deixe de molho por 1 hora.

2 Em uma panela, em fogo baixo, frite a cebola no azeite. Quando estiver bem douradinha, adicione o alho e deixe-o dourar levemente. Escorra a casca de banana (descarte a água) e junte à panela. Mexa bem, acrescente os temperos (exceto a salsinha) e cozinhe por 10 minutos em fogo médio-baixo. Adicione o tomate e espere murchar bem. Desligue o fogo e misture a salsinha.

3 Para a massa, vamos começar fervendo a água. Em uma tigela grande, coloque a farinha de milho, o polvilho e o sal e dê uma misturadinha. Jogue ½ xícara da água quente por cima da mistura para escaldar a farinha e o polvilho e misture bem. Vá colocando água fervente aos poucos, sempre misturando com uma colher, até formar uma bola de massa que desgrude do fundo da tigela. Espere esfriar um pouco e use as mãos para sovar a massa até que fique em ponto de abrir. Se precisar, vá acrescentando mais água até dar o ponto.

4 Abra a massa com um rolo sobre um pedaço de plástico grosso ou uma superfície lisa. Disponha montinhos de recheio a intervalos regulares e feche os pastéis. Pressione as bordinhas para fechar bem (você pode até passar um pouquinho de água nas bordas antes de fechar para garantir que a massa não abra) e frite em óleo quente até dourar.

FOTO NA P. 24

RECEITA NA P. 22

RECEITA NA P. 26

Coxinha de cogumelos com requeijão

RENDIMENTO: 15 COXINHAS

MASSA

⅓ de xícara de caldo de legumes (p. 59), leite vegetal (pp. 130-131) ou água

2 colheres (sopa) de azeite

temperos a gosto (usei sal, noz-moscada, pimenta-do-reino, alho em pó e cebola em pó)

1 xícara de batata-salsa (batata-baroa, mandioquinha) cozida e amassada

1 xícara de farinha de amêndoa ou de linhaça

½ xícara de farinha de arroz integral

1 colher (sopa) de fécula de batata

1 colher (chá) de salsinha

RECHEIO

1 colher (sopa) de azeite

1 dente de alho sem casca picado

200 g de cogumelos picados

1 colher (sopa) de missô

sal a gosto

cebolinha picada a gosto

½ xícara de requeijão de inhame (p. 135)

PARA EMPANAR

água ou leite vegetal em abundância

1 xícara de farinha de amêndoa ou de linhaça

Você pode usar farinha de rosca ou panko para empanar, fica uma delícia! Se preferir, faça a farinha de rosca em casa: basta triturar em um processador ou liquidificador aquele pão que endureceu e você ia jogar fora. Certifique-se de que não tem sinais de mofo e mande ver.

1 Comece pelo recheio. Em uma panela em fogo médio, coloque o azeite e refogue o alho até ficar levemente dourado. Acrescente o cogumelo e o missô, tempere com uma pitada de sal e misture. Deixe o cogumelo murchar bem; isso vai levar em média 10 minutos. Adicione a cebolinha e reserve.

2 Enquanto isso, prepare a massa. Em uma panela fora do fogo, coloque o caldo de legumes (ou leite ou água), o azeite, os temperos e a batata-salsa amassada e misture bem. Ainda fora do fogo, peneire as farinhas e a fécula e incorpore-as junto com a salsinha. Misture bem até obter uma massa homogênea. Só então, ponha a mistura para cozinhar em fogo médio. Vá mexendo até virar uma bola de massa firme e pesada; isso levará cerca de 3 minutos. Desligue e deixe esfriar um pouco para manusear.

3 Preaqueça o forno a 210 °C.

4 Quando você conseguir trabalhar a massa, separe porções um pouco menores do que o tamanho de coxinha que você quer. Pegue uma bolinha e amasse rapidamente, modelando uma espécie de cestinha funda.

5 Coloque o recheio de cogumelos, um pouco do requeijão e feche a coxinha, puxando delicadamente as bordas, até conseguir fechar em cima. Modele a coxinha no formato de gotinha. Repita esse processo com o restante da massa.

6 Coloque água ou leite em um pote largo e fundo, e a farinha de amêndoa ou de linhaça em um prato raso. Passe as coxinhas no líquido e em seguida na farinha para empanar. Disponha-as em uma assadeira.

7 Leve ao forno e asse até ficarem douradinhas – aqui foram 20 minutos. :)

FOTO NA P. 25

Feijão tropeiro

RENDIMENTO: 4 PORÇÕES

2 xícaras de feijão-verde
folhas de louro a gosto
1 cebola cortada em cubos
¼ de xícara de azeite
2 dentes de alho sem casca
   amassados
1 xícara de berinjela picadinha
½ xícara de tofu amassadinho
½ colher (chá) de louro em pó
½ colher (chá) de pimenta-do-reino
½ colher (chá) de páprica
   defumada
1 colher (chá) de cúrcuma em pó
1 xícara de couve crua picadinha
2 xícaras de farinha de milho
sal a gosto
½ xícara de castanha-de-caju
   torrada
cheiro-verde a gosto

1 Antes de tudo, cozinhe o feijão-verde: 30 minutos fervendo em água com algumas folhinhas de louro já serão suficientes. Não deixe ficar muito mole.

2 Em uma panela, em fogo baixo, doure a cebola no azeite e, quando ela estiver bem murcha (quase transparente), acrescente o alho e deixe dourar. Adicione a berinjela e refogue bem. Junte o tofu e os temperos secos e misture. Coloque a couve picadinha e tampe a panela.

3 Quando a couve estiver macia, acrescente o feijão cozido e escorrido e a farinha de milho e misture bem. Ajuste o sal se for preciso. Finalize com as castanhas-de-caju torradas e o cheiro-verde e delicie-se.

Você pode fazer o seu feijão tropeiro com o feijão que preferir! Escolhi o verde para brincar com o mix cultural brasileiro, usando um ingrediente do Nordeste em uma receita típica do Sudeste.

Bolinho de chuva com banana

RENDIMENTO: 20 BOLINHOS

½ xícara de água
¼ de xícara de açúcar mascavo
3 colheres (sopa) de psílio
½ xícara de farinha de arroz integral
½ xícara de farinha de aveia
½ xícara de fécula de batata
uma pitada de sal e canela
½ colher (chá) de bicarbonato de sódio
1 banana picadinha
óleo para fritar
açúcar, canela e noz-moscada para finalizar

1. Em um recipiente, coloque a água, o açúcar mascavo e o psílio e mexa bem até o açúcar diluir. Deixe descansar por uns 5 minutinhos.
2. Acrescente a farinha de arroz, a farinha de aveia, a fécula de batata, o sal e a canela e misture bem até obter uma massa homogênea como um creme consistente, não muito mole. Adicione o bicarbonato e a banana picadinha, incorporando-os à massa.
3. Em uma panela, coloque cerca de 3 dedos de óleo e aqueça bem. Para fritar, pegue os pedacinhos de banana, envolvendo-os totalmente na massa. Com o auxílio de 2 colheres, pegue pedaço por pedaço e coloque em óleo quente para fritar, virando-os até dourar totalmente. Depois de retirar os bolinhos da panela, deixe escorrer bem o óleo antes de passar numa misturinha de açúcar, canela e noz-moscada.
4. Se você quiser fazer os bolinhos assados, preaqueça o forno a 220 °C e coloque as colheradas de massa numa assadeira untada. Asse por aproximadamente 20 minutos ou até que estejam douradinhos. Polvilhe com a misturinha de açúcar e especiarias e seja feliz. :)

Se você não encontrar farinha de aveia pronta, basta bater os flocos no liquidificador ou no processador. Para opções sem glúten e para ver a consistência da massa, acesse os QR Codes ou os links.

bit.ly/glutennao

bit.ly/2G2VAKp

31

Empadinha de homus com pimentão e espinafre

RENDIMENTO: 6 EMPADINHAS

MASSA

2 xícaras de farinha de grão-de-bico
½ xícara de azeite
¼ de xícara de farinha de linhaça
   ou fécula de batata
sal a gosto
azeite e cúrcuma para pincelar

RECHEIO

1 xícara de homus (p. 136)
1 colher (sopa) de azeite
½ xícara de pimentão sem
   sementes picadinho
2 xícaras de espinafre cru
   (só as folhas)
sal a gosto

Se onde você mora for difícil achar farinha de grão-de-bico, prepare-a em casa batendo o grão-de-bico cru no processador. Para usar o grão-de-bico cozido, acesse o QR Code ou o link.

bit.ly/2EhreKv

1 Separe as forminhas que for usar e unte-as com óleo.

2 Em um recipiente, misture todos os ingredientes da massa e mexa bem até virar uma bolinha homogênea e modelável. Tampe e deixe na geladeira por enquanto.

3 Em seguida, prepare seu homus, conforme a receita da p. 136. Reserve-o enquanto prepara o segundo recheio.

4 Em uma panela, coloque o azeite e refogue o pimentão até que fique bem macio; isso vai levar uns 5 minutos, dependendo do tamanho dos pedaços. Quando estiver no ponto, acrescente o espinafre, salpique com sal, misture bem e tampe. Em cerca de 2 minutos seu espinafre deve ter murchado bem e seu recheio estará pronto.

5 Preaqueça o forno a 220 °C.

6 Tire a massa da geladeira e modele as empadinhas nas forminhas individuais. Não se esqueça de deixar massa suficiente para fechá-las. Recheie fazendo uma camada de homus e outra com o refogado de espinafre e pimentão. Com a ajuda de um rolo ou com a pontinha dos dedos, abra tampinhas para as empadinhas (você pode usar uma das forminhas para recortar as tampinhas). Feche as empadas pressionando as beirinhas e pincele o topo com azeite e cúrcuma para que fiquem bem coradinhas. Asse por 30 minutos ou até dourar.

Rosca de coco

RENDIMENTO: 15 UNIDADES

MASSA

¾ de xícara de água morna para a fermentação

1 colher (sopa) de fermento biológico seco

2 colheres (sopa) + ⅓ de xícara de açúcar demerara

4 colheres (sopa) de óleo de coco

½ colher (sopa) de vinagre de maçã

1⅓ xícara de farinha de arroz integral

½ xícara de farinha de coco

1 xícara de fécula de batata

½ colher (chá) de goma xantana

COBERTURA

1 xícara de leite condensado vegano (p. 92)

⅓ de xícara de coco ralado

1 Primeiro vamos fazer a pré-fermentação: dissolva em água morna (temperatura confortável ao toque) o fermento e as 2 colheres de açúcar. Reserve e espere formar uma espuma. Enquanto isso, unte com óleo a assadeira que você for usar para assar as rosquinhas.

2 Em um recipiente, misture o ⅓ de xícara de açúcar, o óleo de coco, o vinagre e a espuma da pré--fermentação e mexa até que o açúcar dissolva bem. Acrescente as farinhas, a fécula e a goma xantana e, com a ajuda de um fouet, batedeira, ou com as mãos mesmo, sove tudo até a massa começar a "rasgar".

3 Para modelar as rosquinhas, você pode colocar a massa em um saco de confeitar e fazer caracóis pela fôrma ou untar a mão com óleo e modelar com cuidado. Deixe a massa descansar uns 20 minutos antes de ir ao forno, assim ela vai ficar ainda mais macia e aerada. Misture os ingredientes da cobertura e despeje sobre a massa antes de assar.

4 Enquanto a massa descansa, ferva 2 xícaras de água e despeje numa outra assadeira – essa água vai formar vapor no forno durante o cozimento. Coloque a fôrma com água na grade de baixo do forno e a fôrma com as roscas na grade superior e, só então, ligue o forno a 180 °C. Asse por aproximadamente 30 minutos.

Se a temperatura da água de pré-fermentação estiver muito quente, você vai acabar matando os bichinhos do seu fermento. Atenção a essa parte!

Petit gâteau de cenoura

RENDIMENTO: 12 BOLINHOS

RECHEIO
200 g de chocolate 70%
⅓ de xícara de leite vegetal (pp. 130-131)

MASSA
2 xícaras de cenouras picadinhas
½ xícara de óleo de girassol
1½ xícara de açúcar mascavo
½ xícara de água
1 xícara de farinha de arroz integral
½ xícara de farinha de aveia
½ xícara de fécula de batata
1 colher (chá) de noz-moscada em pó
uma pitada de sal
1 colher (sopa) de fermento químico em pó
1 colher (sopa) de vinagre de maçã

Preencha no máximo ⅔ da forminha para os bolinhos não transbordarem. Por isso, complete metade da fôrma com massa e o restante com recheio. Você pode usar farinha de grão-de-bico no lugar da farinha de aveia. Acesse o QR Code ou o link para outras receitas de bolo de cenoura.

bit.ly/2JdB7g6

1. Preaqueça o forno a 180 °C. Unte forminhas individuais com óleo e cacau em pó.
2. Comece pelo recheio: derreta o chocolate em banho-maria (encaixe o refratário com o chocolate dentro de uma panela com água quente, sem deixar que a água toque no fundo da tigela, e mexa até que o chocolate derreta). Acrescente o leite vegetal e mexa até que o chocolate esteja bem homogêneo e brilhante. No começo, ele vai talhar um pouco, mas é só continuar mexendo que você vai chegar ao resultado desejado. :)
3. Em um liquidificador, coloque as cenouras picadas, o óleo, o açúcar e a água. Bata por aproximadamente 2 minutos ou até que as cenouras estejam completamente processadas e a mistura homogênea.
4. Enquanto isso, em um recipiente grande, coloque as farinhas, a fécula e a noz-moscada e mexa bem. Em seguida, acrescente a mistura do liquidificador e mexa até obter uma massa lisa e uniforme. Depois, incorpore à massa uma pitada de sal, o fermento e o vinagre de maçã.
5. Disponha a massa nas forminhas e, com a ajuda de uma colher, coloque o recheio no meio – faça com cuidado e atenção para que ele não se espalhe. Coloquei em média 1 colher (sopa) de recheio em cada bolinho. Lembre-se de finalizar o bolinho com um pouco de massa para cobrir o recheio.
6. Leve para assar por uns 20 minutos a 180 °C. Espere esfriar um pouquinho antes de desenformar.

Bolo de milho

RENDIMENTO: 12 PEDAÇOS

1½ xícara de grãos de milho cozido (cerca de 2 espigas ou 1½ latinha)

1 xícara de leite de coco caseiro (p. 131) ou água

⅓ de xícara de óleo

1 xícara de açúcar mascavo

1 xícara de fubá mimoso

⅓ de xícara de fécula de batata

1 colher (sopa) de fermento químico em pó

1 colher (chá) de vinagre de maçã

1 Preaqueça o forno a 200 °C e unte uma fôrma com furo no meio. Você também pode usar uma assadeira retangular de 28×18 cm ou forminhas individuais.

2 No liquidificador, bata o milho, o leite de coco, o óleo e o açúcar até obter um creme homogêneo. Acrescente o fubá e a fécula de batata e bata novamente até obter uma massa lisinha e uniforme.

3 Adicione o fermento e o vinagre e incorpore-os à massa. Asse por aproximadamente 50 minutos a 200 °C.

Em vez de óleo, use a mesma quantidade de uma combinação de óleo de coco e azeite. Este bolo fica superfofinho, então tome bastante cuidado quando for desenformá-lo! E jamais desenforme um bolo enquanto ele estiver quente. ;)

Pratos salgados
para encher a pança

Salada de batata

RENDIMENTO: 8 PORÇÕES

- 1 xícara de batata-inglesa cortada em cubinhos
- 1 xícara de batata-salsa (batata-baroa, mandioquinha) cortada em cubinhos
- 1 xícara de batata-doce cortada em cubinhos
- 1 xícara de cenoura cortada em cubinhos
- sementes de girassol tostadas a gosto
- salsinha a gosto
- 1 xícara de pera cortada em cubinhos
- 1 xícara de maionese de semente de girassol (p. 134)
- sal a gosto

1. Em uma panela com água, cozinhe as batatas e a cenoura até que estejam al dente. Toste as sementes de girassol, pique a salsinha e corte a pera enquanto os tubérculos cozinham e esfriam.
2. Em um recipiente, misture todos os legumes e a maionese. Finalize com salsinha e sementes de girassol tostadas. Ajuste o sal, se necessário. Sirva fria. :)

Acesse o QR Code ou o link e confira uma receita superespecial de salpicão vegano para fazer par com esta salada no próximo churrasco da família.

bit.ly/2H7k0fn

Carne de onça de berinjela

RENDIMENTO: 8 PORÇÕES

- 3 colheres (sopa) de azeite
- 1 dente de alho sem casca amassado
- 1 berinjela grande cortada em cubos
- 1 colher (sopa) de conhaque (opcional)
- 1 colher (sopa) de cebola picadinha
- 1 colher (chá) de páprica doce
- ½ colher (chá) de pimenta-do-reino ou calabresa
- 2 colheres (sopa) de mostarda escura
- sal a gosto
- fatias de pão tostado para servir (p. 73)
- ½ xícara de cebolinha picada para servir

1. Em uma frigideira, coloque o azeite, o alho e a berinjela e cozinhe por uns 5 minutos em fogo baixo, até murchar bem. Acrescente o conhaque e deixe a berinjela no fogo por mais 1 minutinho. Desligue o fogo. Quando esse refogado já estiver frio, acrescente os demais ingredientes e misture bem.
2. Sirva nas fatias de pão, finalizando com cebolinha picada e azeite de boa qualidade. :)

A carne de onça é uma receita típica do Paraná. Nesta versão vegana, a berinjela substitui a carne e o sabor fica incrível! Se você preferir, asse um pão de fermentação natural para acompanhar. Acesse o QR Code ou o link e confira o passo a passo.

bit.ly/2q38wRL

Salada de grãos e pancs

RENDIMENTO: 8 PORÇÕES

SALADA

½ xícara de feijão-azuqui
½ xícara de grão-de-bico
½ xícara de feijão-branco
½ xícara de feijão-mungo
⅓ de xícara de arroz-cateto
⅓ de xícara de uva-passa branca
⅓ de xícara de tâmara picadinha
½ xícara de damasco picadinho
½ xícara de castanha-do-pará picadinha
½ xícara de amendoim
1 xícara de ervas frescas picadinhas (hortelã, salsinha, manjericão, alecrim)
flores e folhas de capuchinha a gosto (opcional)
⅔ de xícara de azeite
⅓ de xícara de vinagre de maçã
3 colheres (sopa) de garam masala (receita ao lado)
sal a gosto

FOTO NA P. 48

1. Depois de deixar os grãos de molho por pelo menos 12 horas, cozinhe-os separadamente por aproximadamente 10 minutos ou até que estejam al dente e reserve. Cozinhe o arroz e reserve.
2. Pique as frutas secas e as oleaginosas em cubinhos pequenos e reserve.
3. Pique as ervas frescas e, então, misture todos os ingredientes, acrescentando por fim as folhas de capuchinha, o azeite, o vinagre e o garam masala. Finalize a salada com as flores e sirva-a geladinha.

GARAM MASALA

2 anises-estrelados
sementes de 3 bagas de cardamomo
8 cravos-da-índia
¼ de noz-moscada
1 colher (chá) de semente de coentro
1 colher (chá) de semente de erva-doce ou funcho
½ colher (chá) de cominho
pimenta-do-reino moída na hora a gosto
1 colher (chá) de canela em pó

1. Toste as especiarias do garam masala para liberar seus aromas. Quando estiverem frias, bata-as no liquidificador e triture-as totalmente.

Você pode comprar o garam masala já pronto em lojas de temperos ou de produtos indianos ou árabes. Acesse o QR Code ou o link e confira outras versões dessa mistura de especiarias maravilhosa.

bit.ly/2GQwvxZ

RECEITA NA P. 46

RECEITA NA P. 50

Quiche de cogumelos, alho-poró e abobrinha

RENDIMENTO: 6 FATIAS

MASSA
1 xícara de farinha de grão-de-bico
½ xícara de farinha de aveia (ver dica, p. 31)
2 colheres (sopa) de polvilho doce
sal a gosto
¼ de xícara de azeite
¼ de xícara de água

RECHEIO
1 alho-poró
200 g de cogumelos-de-paris ou shiitake
1 abobrinha
sal a gosto
1 colher (sopa) de missô ou de shoyu
1 xícara de creme base (p. 128)
1 colher (sopa) de tahine
1 colher (sopa) de azeite
sumo de ½ limão
temperos a gosto (usei sal negro, levedura nutricional – pode ser fermento biológico seco
ou levedura de cerveja –, noz-moscada e pimenta-do-reino)

FOTO NA P. 49

Se preferir, congele a massa para usar depois, porque ela serve de base para qualquer quiche, assim como o creme de tofu. Use a criatividade e alterne os ingredientes para experimentar novos sabores. ;) Para fazer o tofu em casa acesse o QR Code ou o link.

bit.ly/2GNSntY

1 Preaqueça o forno a 200 °C e forre uma fôrma de 20 cm de diâmetro com papel-manteiga. Unte o papel com azeite ou óleo vegetal e reserve.

2 Comece pela massa. Em um recipiente, misture as farinhas, o polvilho e o sal. Incorpore o azeite às farinhas com a ponta dos dedos, umedecendo-a bem. Acrescente a água e misture tudo até obter uma massa homogênea.

3 Disponha a massa na assadeira untada e faça furinhos por toda a sua extensão para evitar que estufe – você também pode usar o peso de grãos como o feijão para isso. Leve para assar por aproximadamente 20 minutos a 200 °C. Pronto!

4 Para fazer o recheio, vamos primeiro picar finamente o alho-poró (vamos usá-lo todo, até a parte verde, nada de desperdício por aqui!) e fatiar os cogumelos e a abobrinha. Polvilhe com um pouquinho de sal as fatias de abobrinha e deixe em um escorredor para que solte a sua água.

5 Em uma frigideira, jogue um fio de azeite e refogue o alho-poró. Acrescente os cogumelos, o missô, sal e deixe murchar bem, até que o alho-poró esteja bem macio.

6 Para montar, misture o creme com o alho-poró e os cogumelos refogados, o tahine, o azeite, o limão e os temperinhos. Mexa bem, acerte o sal e recheie sua quiche com essa mistura. Você pode fazer flores com a abobrinha para decorar sua torta, como está na foto, ou simplesmente cortar em pedacinhos e misturar no recheio.

7 Leve a torta ao forno por uns 10 minutos a 250 °C para finalizar e pronto, é só se deliciar!

Quibe assado de grão-de-bico

RENDIMENTO: 6 PORÇÕES

2 xícaras de grão-de-bico cozido

1 ½ xícara de quinoa cozida

½ xícara de canjiquinha cozida

4 colheres (sopa) de farinha de linhaça, psílio ou chia

3 dentes de alho sem casca picadinhos

½ xícara de cebola picadinha

½ xícara de cheiro-verde picado

¼ de xícara de hortelã picado

2 colheres (sopa) de sumo de limão

2 colheres (sopa) de azeite

2 colheres (sopa) de tahine

1 a 2 colheres (sopa) de garam masala (p. 47)

sal a gosto

1 Esta receita é muito fácil, ainda mais se todos os ingredientes já estiverem cozidos. Então, comece preaquecendo o forno a 230 °C.

2 Em um recipiente, amasse o grão-de-bico com a ajuda de um garfo ou um amassador de batatas. Acrescente os demais ingredientes e misture bem até incorporar tudo.

3 Unte com azeite um refratário de 20×20 cm e despeje nele toda a massa. Com os dedos, pressione a massa na fôrma para que fique tudo bem grudadinho, prensando mesmo (senão sua massa vai ficar quebradiça depois). Leve para assar por 50 minutos.

Deixe o grão-de-bico de molho por 24 horas antes de cozinhar (acesse o QR Code ou o link e saiba por quê). Cozinhe a quinoa e a canjiquinha separadamente em água filtrada até ficarem al dente. Sirva este quibe com homus (p. 136), nozes e cranberries. Vai por mim, fica sensacional! :D

bit.ly/2GxHNUx

Hambúrguer de tofu

RENDIMENTO: 4 HAMBÚRGUERES

2 xícaras de tofu amassadinho
sal a gosto
2 colheres (sopa) de azeite
2 dentes de alho sem casca bem
  picados
1 xícara de berinjela cortada em
  cubos
1 tomate cortado em cubos
½ xícara de folhas de brócolis ou
  espinafre picadinhas
sumo de ½ limão
¼ de xícara de cheiro-verde
  picadinho
2 colheres (sopa) de páprica
  defumada
½ colher (chá) de pimenta-do-reino
6 colheres (sopa) de farinha de aveia
4 pães, maionese de semente de
  girassol (p. 134), chutney de
  tomate (p. 140) e mix de folhas
  verde-escuras para servir

Se você não tiver farinha de aveia, use a de sua preferência.

1 Enrole o tofu em um tecido fino limpo e esprema, removendo o excesso de líquido (sei que não é a parte mais legal, mas isso vai garantir uma textura maravilhosa para o seu hambúrguer). Coloque o tofu em uma peneira, jogue uma pitada de sal e deixe o restante da água sair naturalmente.

2 Enquanto isso, em uma frigideira, coloque o azeite, o alho, a berinjela e o tomate e deixe murchar bem. Acrescente as folhas de brócolis, o suco de limão, o cheiro-verde, a páprica e a pimenta-do-reino e mexa bem. Retire do fogo e deixe esfriar um pouquinho.

3 Misture o tofu com os demais ingredientes, acrescente a farinha de aveia e mexa bem. Acerte o sal e modele os hambúrgueres manualmente ou com a ajuda de forminhas (costumo usar aros com 8 cm de diâmetro).

4 Para grelhar, é só jogar um fio de azeite numa frigideira e dispor os hambúrgueres a certa distância um do outro (aconselho colocar no máximo dois por vez para que você tenha espaço para movimentar) e deixar dourar em fogo baixo – até ele criar uma crosta deliciosa. Para garantir que eles não se desmanchem no preparo, você pode congelar antes de grelhar. Funciona superbem!

5 Sirva no seu pão preferido, com maionese vegana, chutney de tomate e as folhas de que você mais gosta. Para quem gosta de um saborzinho agridoce, fica incrível!

Pizza Margherita

RENDIMENTO: 1 PIZZA INDIVIDUAL

½ xícara de arroz cozido na véspera

½ xícara de água

2 colheres (sopa) de azeite

½ xícara de farinha de grão-de-bico

½ xícara de farinha de arroz integral

¼ de xícara de polvilho azedo

1 colher (chá) de fermento químico em pó

sal a gosto

1 xícara de molho de tomate

1 xícara de queijo de palmito (p. 135)

manjericão fresco a gosto

1 Preaqueça o forno a 180 °C e unte uma fôrma para pizza com óleo ou azeite.

2 Em um liquidificador, bata o arroz com a água e o azeite até virar uma pastinha.

3 Despeje a pastinha de arroz numa tigela, acrescente as farinhas de grão-de-bico e arroz, o polvilho e o fermento e misture bem. Tempere com sal.

4 Molde a pizza na fôrma untada e leve para assar por 30 minutos (o tempo vai depender do seu forno). Depois, cubra com o molho de tomate, o queijo de palmito e manjericão fresco.

Para uma versão ainda mais nutritiva, substitua o polvilho por farinha de linhaça. Quando a pizza estiver bem douradinha embaixo, vire e termine de assar com o outro lado para baixo para que ela fique mais crocante. :) Uma boa ideia também é incrementar com legumes grelhados e tomates confitados, que você encontra no Instagram @gabimahamud, na hashtag #dicaflordesal.

Risoto de arroz negro com palmito e morango

RENDIMENTO: 6 PORÇÕES

¼ de xícara de azeite
½ xícara de cebola bem picadinha
1 dente de alho sem casca amassado
2 xícaras de arroz negro
1 xícara de vinho branco seco (opcional)
sal e pimenta-do-reino a gosto
½ colher (chá) de noz-moscada
½ colher (chá) de lemon pepper (opcional)
2 litros de caldo de legumes (ver dica)
½ xícara de biomassa de banana verde (ou inhame cozido sem casca e amassado)
1 xícara de palmito em cubos
1 xícara de morango picadinho
cebolinha e castanhas-de-caju para finalizar

1. Em uma panela, aqueça o azeite e doure a cebola. Em seguida, adicione o alho, o arroz negro e o vinho branco. Após evaporar o vinho, adicione sal, os temperos e vá despejando o caldo de legumes aos poucos. Cozinhe por cerca de 30 a 40 minutos ou até que o arroz esteja macio, mexendo de vez em quando.
2. Quando o arroz estiver cozido, acrescente a biomassa de banana verde ou o inhame e mexa bem. Junte o palmito e o morango e misture. Finalize com bastante cebolinha e castanha-de-caju. Sirva ainda quente. :)

Acesse o QR Code ou o link para ler o post em que ensino a fazer um caldo com sobras de legumes, como cascas e talos. Fica bem saboroso e você ainda aproveita os alimentos integralmente. Não é bacana?

bit.ly/2pvEd69

Nhoque de frigideira
ao molho pesto de ora-pro-nóbis

RENDIMENTO: 4 PORÇÕES

NHOQUE

8 colheres de sopa de azeite + um pouco para fritar o nhoque

2 dentes de alho sem casca picados

4 xícaras de batata-doce assada e amassadinha, como um purê

1 xícara de farinha de grão-de-bico

2 colheres (chá) de noz-moscada

sal a gosto

PESTO

1 xícara de salsinha fresca

1 xícara de ora-pro-nóbis

2 dentes de alho sem casca e sem miolo

1 colher (sopa) de suco de limão

½ xícara de nozes

½ xícara de azeite extra virgem

1 colher (chá) de levedura nutricional, fermento biológico seco ou levedura de cerveja (opcional)

sal e pimenta-do-reino a gosto

1 Comece pelo nhoque. Em uma panela em fogo médio, coloque o azeite e refogue o alho até ficar levemente dourado. Acrescente o purê de batata e mexa bem. Adicione a farinha, a noz-moscada e o sal e vá mexendo até que a farinha esteja cozida, a massa vire uma bolinha e desgrude do fundo da panela. Desligue o fogo e espere a massa esfriar (ela fica bem firme) para modelar os nhoques.

2 Quando a massa já estiver fria, enfarinhe uma superfície lisa. Modele rolinhos de massa e corte as bolinhas de nhoque. Em uma frigideira, em fogo médio, jogue um fio de azeite e deixe esquentar um pouquinho. Coloque as bolinhas de nhoque e deixe dourar (gosto de uma crostinha crocante, então deixo até ficar bem douradinho mesmo, mas cuidado para não queimar).

3 Quando terminar o nhoque, é hora do pesto! E é muito fácil: bata todos os ingredientes em um pilão ou liquidificador até obter um molhinho homogêneo. Sirva por cima do nhoque e delicie-se!

Se você não encontrar ora-pro-nóbis, use outra erva ou folha de sua preferência, como manjericão ou sálvia. Para amassar a batata-doce, você pode contar com a ajuda de um mixer ou espremedor.

Macarrão ao molho branco com brócolis e "bacon" de coco

RENDIMENTO: 2 PORÇÕES

250 g de espaguete
1 xícara de brócolis picados
  e cozidos no vapor

"BACON" DE COCO

½ xícara de coco em fitas largas
1 colher (chá) de azeite
1 colher (chá) de fumaça líquida
  (opcional)
1 colher (chá) de missô
½ colher (chá) de páprica
  defumada
uma pitada de sal

MOLHO

½ xícara de inhame cozido sem
  casca e amassado
1 xícara de leite vegetal de sua
  preferência (pp. 130-131)
½ xícara de tofu picadinho
1 dente de alho sem o miolo
1 colher (sopa) de azeite
½ colher (chá) de noz-moscada
  em pó
½ colher (chá) de raspas da casca
  de limão
sal e pimenta-do-reino a gosto

1 Preaqueça o forno por 5 minutos a 240 °C.

2 Em uma tigela, misture todos os ingredientes do "bacon" e leve ao forno em temperatura alta por uns 10 minutos ou até que esteja crocante – fique de olho, pois as fitas de coco são bem delicadas e podem queimar com facilidade.

3 Em uma panela com água, coloque o macarrão para cozinhar conforme a instrução da embalagem.

4 Enquanto isso, bata no liquidificador todos os ingredientes do molho branco. Despeje em uma panela e leve ao fogo baixo até aquecer bem – isso vai fazer com que os temperos soltem seus aromas, mas cuidado para não ferver.

5 Escorra a água do macarrão e então sirva com o molho branco, finalizando com os brócolis e o "bacon" de coco.

Use sal negro no preparo do molho branco e o prato vai ficar parecido com o típico macarrão à carbonara; isso porque o sal negro contém enxofre, o que confere um sabor que lembra ovos.

Sopa creme de abóbora e maçã

RENDIMENTO: 3 PORÇÕES

400 g de abóbora cabotiá
4 colheres (sopa) de azeite
½ cebola cortada em cubinhos
2 dentes de alho sem casca amassados
1 pedaço de 1,5 cm de gengibre sem casca ralado
2 maçãs sem cabinho e sem sementes cortadas
2 xícaras de água filtrada ou caldo de legumes (ver dica na p. 59)
sal e pimenta-do-reino a gosto
1 colher (chá) de noz-moscada

1. Lave bem a abóbora com casca e corte-a em pedaços médios. Leve ao forno a 220 °C e asse por 30 minutos ou até conseguir furá-la facilmente com uma faca.
2. Em uma panela, despeje o azeite, refogue a cebola, o alho e o gengibre. Acrescente a abóbora e as maçãs e refogue mais um pouco. Despeje a água e tempere com sal, pimenta-do-reino e noz-moscada. Espere ferver e cozinhe por alguns minutos. Desligue o fogo.
3. Com a ajuda de um mixer ou um liquidificador, bata tudo até obter um creme homogêneo.

Sirva com granola salgada (preparei a minha temperada com bastante cúrcuma e páprica). Acesse o QR Code ou o link para encontrar a receita.

bit.ly/2Eh1pum

Estrogonofe

RENDIMENTO: 4 PORÇÕES

2 dentes de alho
3 tomates italianos
½ xícara de talos de brócolis
½ xícara de cogumelos
½ xícara de mix de castanhas
1 xícara de creme base (p. 128)
2 colheres (sopa) de azeite
¼ de xícara de vinagre branco
2 colheres (sopa) de açúcar
  mascavo
½ colher (chá) de noz-moscada
  em pó
½ colher (chá) de orégano seco
uma pitada de páprica defumada
uma pitada de canela em pó
1 cravo-da-índia
1 folha de louro
½ xícara de água filtrada
sal a gosto

1 Antes de começar, deixe tudo preparadinho: descasque e triture o alho, corte o tomate em cubinhos, pique os talos de brócolis em pedaços menores, fatie os cogumelos e quebre ligeiramente as castanhas. Prepare seu creme base e deixe os demais ingredientes separados.

2 Em uma panela grande, coloque o azeite e refogue o alho. Acrescente os tomates e deixe murchar bem. Adicione o vinagre, o açúcar mascavo e os temperos e deixe apurar bem, até que seque quase todo o líquido.

3 Coloque os talos de brócolis, os cogumelos, as castanhas e a água e deixe ferver! Quando a água estiver quase terminando de secar, verifique se os talos estão cozidos – se não estiverem, acrescente um pouco mais de água e deixe chegar ao ponto. Por fim, junte o creme base, misture bem e deixe aquecer para pegar o sabor. Acerte o sal e sirva o estrogonofe quentinho. :)

Experimente preparar esta receita com pinhão, palmito, milho ou tofu no lugar dos brócolis, das castanhas e do cogumelo, fica uma delícia!

Snacks
para enganar a fome

Pão sem glúten

RENDIMENTO: 8 PÃEZINHOS

2 colheres (sopa) de psilio, farinha
  de chia ou de linhaça
⅓ de xícara de água filtrada
1 xícara de aveia em flocos grossos
1 xícara de sementes de girassol
¼ de xícara de linhaça
1 colher (sopa) de gergelim
1 xícara de farinha de grão-de-bico
1¼ xícara de água
3 colheres (sopa) de azeite
1 colher (sopa) de fermento
  químico em pó
sal a gosto

1 Preaqueça o forno a 200 °C e reserve uma assadeira antiaderente.

2 Coloque o psilio para hidratar na água filtrada.

3 Bata no liquidifcador a aveia, as sementes de girassol, a linhaça e o gergelim até virarem uma farinha.

4 Transfira para uma tigela grande e junte a farinha de grão-de-bico. Despeje a água e o azeite aos poucos, misturando delicadamente. Incorpore o psilio hidratado. Deixe a massa descansar por uns 10 minutos para que a água seja bem absorvida e a massa fique modelável.

5 Passado esse tempo, adicione o fermento e o sal e misture bem com as mãos.

6 Modele os pãezinhos e disponha-os em na assadeira. Esses pães não crescem muito, então não precisa de muito espaço entre eles. Asse por 35 minutos ou até ficarem douradinhos. Para saber se já estão prontos, faça o teste do palito. ;)

Criei este pãozinho sem nenhuma farinha refinada, então, para variar o sabor, você pode substituir a farinha de grão-de-bico por farinha de coco.

Pão fácil

RENDIMENTO: 12 FATIAS

¾ de xícara de água morna
1 colher (sopa) de fermento
  biológico seco
1 colher (sopa) de açúcar mascavo
1 xícara de farinha de arroz integral
1 xícara de farinha de grão-de-bico
¾ de xícara de fécula de batata
¼ de xícara de polvilho azedo
¼ de colher (chá) de goma xantana
  (opcional)
1 colher (sopa) de azeite
¼ de xícara de um mix de sementes
  e castanhas a gosto
sal e folhas de alecrim a gosto

1 Unte uma assadeira ou fôrma de pão com óleo e farinha de arroz.

2 Começaremos com a "esponja": misture a água, o fermento e o açúcar em uma tigelinha e deixe por uns 15 minutos, ou até o fermento ser ativado e formar uma espuminha.

3 Em outra tigela, mistura a farinha de arroz, a de grão-de-bico, a fécula, o polvilho e a goma xantana. Despeje o fermento ativado sobre essa mistura, acrescente o azeite e misture bem. Coloque as castanhas, sal e alecrim e incorpore.

4 Com as mãos besuntadas de óleo, molde seu pão na assadeira. Cubra-o com um pano de prato e coloque no canto mais quentinho da casa. Espere uns 20 minutos, ou até que ele dobre de tamanho. Durante esse tempo, preaqueça o forno a 200 °C.

5 Leve o pão ao forno por 35 minutos ou até ficar douradinho. ;) Espere esfriar para cortar.

Sirva com as pastinhas para passar no pão que estão nas pp. 136-137.

Broa de fubá

RENDIMENTO: 20 UNIDADES

2 inhames pequenos
1 xícara de água
⅓ de xícara de óleo de coco
1 xícara de açúcar mascavo
2½ xícaras de fubá
1 xícara de polvilho doce
1 colher (sopa) de erva-doce
1 colher (sopa) de fermento
   químico em pó
uma pitada de sal

1 Prepare um purê de inhame: para isso, basta cozinhar ou assar os tubérculos, descascá-los e amassá-los bem com a ajuda de um garfo ou espremedor.

2 Então, preaqueça o forno a 180 °C e unte uma assadeira grande com óleo.

3 Em um liquidificador, bata o purê, a água, o óleo e o açúcar até obter um creme homogêneo. Despeje o líquido em uma tigela e misture os demais ingredientes mexendo bem, até formar uma bola de massa que desgrude da mão.

4 Modele as broinhas e disponha-as na assadeira deixando um pequeno espaço entre elas para que cresçam. Leve-as para assar por 30 minutos ou até que estejam bem craqueladinhas em cima. :)

5 Sirva com aquele chazinho ou café passado na hora!

Crackers

RENDIMENTO: 30 UNIDADES

1 xícara de farinha de grão-de-bico
1 xícara de farinha de aveia ou de arroz integral
1 colher (sopa) de farinha de linhaça
¼ de xícara de azeite
7 colheres (sopa) de água
2 colheres (sopa) de gergelim
2 colheres (chá) de ervas finas
sal a gosto
1 colher (chá) de fermento químico em pó

1. Preaqueça o forno a 200 °C e separe a assadeira que for usar.
2. Em uma tigela, coloque todos os ingredientes (exceto o fermento) e misture bem até obter uma bola de massa. Se for preciso, acrescente um pouco mais de água, tomando muito cuidado para que a massa não fique muito úmida. Adicione o fermento e incorpore-o à massa.
3. Corte um pedaço de papel-manteiga e unte-o com óleo. Coloque a massa sobre o papel-manteiga e cubra-a com outro pedaço. Com a ajuda de um rolo, abra a massa até que ela fique fininha. Quanto mais fina, mais leves e crocantes ficarão seus crackers.
4. Com cuidado, retire a camada superior de papel e corte a massa como preferir. Leve para assar por cerca de 20 minutos, até que estejam com as bordinhas douradas.

O tempo de forno vai variar muito da marca do seu fogão e da espessura dos seus crackers. Atenção a isso, pois os biscoitos queimam com facilidade. ;) Acesse o QR Code ou o link para ver a consistência da massa.

bit.ly/2GzVAKp

Pudim de chia com frutas em infusão de capim-limão

RENDIMENTO: 4 PORÇÕES

2 xícaras de leite de coco (p. 131)
4 colheres (sopa) de chia
1 fava de baunilha ou 1 colher (sopa) de essência
½ xícara de água
2 colheres (sopa) de açúcar demerara
1 folha de capim-limão fresco
uma pitadinha de pimenta-do--reino branca
2 xícaras de frutas vermelhas variadas

1 Misture o leite de coco e a chia e espalhe essa mistura no fundo do recipiente em que o doce será servido. Leve à geladeira até que firmar.

2 Enquanto isso, prepare sua infusão: use a ponta de uma faca pequena e afiada para abrir a fava da baunilha, raspe as sementinhas e coloque em uma panela. Junte a água, o açúcar, o capim-limão e a pimenta e aqueça até ferver e o açúcar se dissolver por completo.

3 Quando o pudim de chia estiver com a textura já consistente, coloque as frutas por cima e regue com a infusão já em temperatura ambiente.

Você pode colocar castanhas, nibs de cacau ou cookies por cima das frutas. Vale usar a criatividade e fazer uma versão personalizada do jeito que você gosta. :)

Barrinha de cereal

RENDIMENTO: 12 UNIDADES

1½ xícara de aveia
½ xícara de melado de cana
½ xícara de pasta de amendoim
½ xícara de castanhas de sua preferência
¼ de xícara de coco ralado em flocos grossos e tostado
¼ de xícara de damascos secos picados
¼ de xícara de cranberries
4 colheres (sopa) de psilio
2 colheres (sopa) de sementes de chia
1 colher (chá) de raspas de laranja
gotas de chocolate amargo a gosto
uma pitadinha de sal e de canela
óleo de coco para untar

1 Preaqueça o forno a 180 °C e unte uma assadeira de 22×30 cm com óleo de coco.

2 Misture todos os ingredientes em um recipiente grande até obter uma massa ligeiramente úmida. Disponha toda a massa em uma assadeira e pressione bem para que todos os ingredientes fiquem bem grudadinhos. Asse por aproximadamente 20 minutos a 180 °C.

3 Espere esfriar para que fique mais fácil de cortar. Corte as barrinhas em porções individuais de acordo com o tamanho da sua fome e armazene-as. Congelo as minhas para que não fiquem dando bobeira na minha frente, porque não tenho a menor maturidade e devoro como se fosse sobremesa, hahaha! :P

Mergulhadas em chocolate, viram sobremesas deliciosas. Se não encontrar cranberries, use outras frutas secas pequenas, como uva-passa.

Pode ser um pouco difícil cortar as barrinhas sem fazer bagunça, então sugiro congelar antes de fatiar. Assim elas se despedaçam menos. Você também pode enrolar e preparar energy balls para o pré-treino. Se acrescentar uma proteína isolada, pode ser um ótimo pós-treino.

Iogurte vegetal

RENDIMENTO: 3 XÍCARAS

1 xícara de castanha-de-caju crua (pode ser macadâmia, amêndoas, amendoim etc.)
⅓ de xícara de tâmaras
1 xícara de leite de coco (p. 131)
100 g de tofu
1 colher (sopa) de sumo de limão
1 colher (chá) de essência de baunilha
1 sachê de probiótico (opcional)

1. Deixe as castanhas de molho por pelo menos 8 horas e, se você for usar tâmaras secas, deixe-as de molho por pelo menos 2 horas. Descarte a água do demolho e lave-as bem.
2. Em um liquidificador, bata as castanhas com o leite de coco até obter uma mistura cremosa (mais ou menos 2 minutos – se for preciso, abra o liquidificador e vá raspando as beiradas até que fique tudo misturadinho).
3. Acrescente os demais ingredientes e bata bem. Se for necessário, pode acrescentar um pouco de água, sempre lembrando que ela altera a consistência do preparo.
4. Sirva com frutas, granola, ou utilize no preparo de outras receitas.

Se você for guardar seu iogurte na geladeira durante alguns dias, sugiro acrescentar o limão somente na hora de servir, pois ele pode oxidar e diminuir a validade do iogurte. Você pode trocar o leite vegetal por outro, as castanhas por outras, e até mesmo não usar um deles. Vale sempre lembrar que qualquer alteração na receita, altera também o sabor e a textura. Se tiver a oportunidade de usar fava de baunilha, por favor, use! Fica incrível! Se você tiver o costume de usar kefir, rejuvelac ou qualquer outro fermentado, aproveite para fazer alguns testes aqui no iogurte!
Para armazenar o iogurte, coloque-o em um pote de vidro esterilizado – para isso, é só deixar o pote por alguns minutinhos no forno quente – e guarde-o na geladeira por 3 a 5 dias. Para mais receitas de iogurte vegano, acesse o QR Code ou o link.

bit.ly/2FYA95i

Cookies de cacau e tomilho

RENDIMENTO: 16 UNIDADES

½ xícara de azeite ou óleo de girassol

¾ de xícara de açúcar mascavo

¼ de xícara de melado de cana

¼ de xícara de água ou chá de canela

1 colher (chá) de essência de baunilha

1 xícara de farinha de arroz integral

⅔ de xícara de farinha de grão-de-bico, de arroz ou de aveia

⅓ de xícara de cacau em pó

1 colher (chá) de folhinhas de tomilho-limão para aromatizar

½ colher (chá) de fermento químico em pó

uma pitada de sal

1. Preaqueça o forno a 180 °C e unte uma assadeira com óleo.
2. Em um recipiente, misture o azeite, o açúcar, o melado, o chá (ou água) e a essência de baunilha. Mexa bem até diluir a maior parte do açúcar. Em seguida, acrescente os demais ingredientes e misture bem até obter uma massa homogênea. Faça bolinhas com as mãos e achate-as para dar o formato dos cookies (os meus ficam com uns 4 cm de diâmetro).
3. Disponha os cookies na assadeira deixando espaço entre eles para que cresçam um pouquinho. Asse por 12 minutos ou até que a parte de baixo esteja escurinha – eles ainda não estarão crocantes nesse momento.
4. Retire os cookies do forno, deixe-os esfriar na assadeira por uns 3 minutos e depois, com a ajuda de uma espátula, coloque-os em uma grade para terminar de esfriar (a grade vai garantir que seus cookies permaneçam crocantes, pois, se você apoiá-los num prato ou numa superfície lisa, eles vão acabar suando e, assim, poderão ficar borrachudos). Aproveite cada mordida!

Se você não tiver melado de cana, omita-o e acrescente mais água aos poucos, até dar o ponto da massa. Acesse o QR Code ou o link e encontre mais uma receita de cookies maravilhosos!

bit.ly/2psw2ly

Muffin de banana e cacau

RENDIMENTO: 6 UNIDADES

- 2 bananas-pratas médias e bem maduras
- ½ xícara de água
- 3 colheres (sopa) de óleo de coco
- 2 colheres (sopa) de pasta de amendoim, mais um pouco para decorar
- 1 colher (sopa) de vinagre de maçã
- 1 xícara de farinha de arroz integral
- 4 colheres (sopa) de farinha de grão-de-bico (ou outra de sua preferência)
- 4 colheres (sopa) de açúcar mascavo
- 2 colheres (sopa) de cacau em pó
- 1 colher (sopa) de fermento químico em pó

1. Preaqueça o forno a 180 °C e prepare as forminhas individuais ou canecas.
2. Em um recipiente, amasse bem a banana e, em seguida, acrescente a água, o óleo de coco, a pasta de amendoim e o vinagre. Misture bem até obter uma pasta homogênea. Acrescente os ingredientes secos, incorporando-os à massa. Certifique-se de desfazer quaisquer bolotinhas de farinha ou açúcar.
3. Disponha a massa nas forminhas e coloque um pouco de pasta de amendoim por cima, fazendo desenhos com o garfo. Asse em forno baixo até ficarem douradinhos – em torno de 25 minutos. Na dúvida, faça o teste do palito! :)

Acesse o QR Code ou o link para encontrar mais receitas de muffin.

bit.ly/2udxLX6

Panqueca prática

RENDIMENTO: 4 UNIDADES

⅔ de xícara de farinha de grão-de-
  -bico
⅓ de xícara de água
2 colheres (sopa) de azeite
1 colher (sopa) de farinha de linhaça
1 colher (chá) de fermento químico
  em pó
uma pitada de açúcar mascavo

1 Misture todos os ingredientes em um recipiente até obter uma massa homogênea.
2 Em uma frigideira untada com óleo, despeje a massa e deixe dourar em fogo baixo e tampada! Assim que as bordinhas desgrudarem da frigideira, vire e doure o outro lado.

Em vez da farinha de linhaça, você pode usar fécula.

Recheie como quiser! A da foto foi com banana, nibs de cacau, pastinha de amendoim, melado e sal. Também já fiz uma versão salgada (basta omitir o açúcar mascavo e colocar uma pitada de sal) com o patê de castanha-de-caju e ervas (p. 137) e cenourinhas assadas com páprica doce. Ficou uma delícia!

Doces agrados

Leite condensado vegano

RENDIMENTO: 4 XÍCARAS

300 g de açúcar demerara
1 litro de leite vegetal (pp. 130-131)

1. Prepare seu leite vegetal conforme indicado nas pp. 130-131.
2. Junte o açúcar ao leite e cozinhe em fogo alto por 40 minutos, mexendo sempre. Não cozinhe em fogo baixo, pois vai cristalizar.
3. Quando começar a engrossar, é só testar: derrame a quantidade de uma colherzinha pequena em um pires gelado. Se escorrer devagar, está pronto. :) Quando quente, ele fica bem mais líquido que quando gelado.
4. Tire a mistura do fogo e bata, com um fouet ou na batedeira, até que esfrie completamente. Esse processo é opcional, mas é o que vai garantir que o seu leite condensado ganhe brilho e viscosidade e fique mais encorpado. Além disso, vai evitar que cristalize nos próximos dias.

Costumo usar leite de amêndoa nesta receita, mas você pode preparar com o seu leite preferido.

Pudim de banana

RENDIMENTO: 8 PORÇÕES

4 bananas bem maduras

1½ xícara de leite de coco (p. 131)

1 colher (sopa) de óleo de coco

1 colher (chá) de essência de
  baunilha

½ xícara de nozes

1 xícara de açúcar mascavo

1 colher (sopa) de canela em pó

2 colheres (sopa) de água

1 Em um liquidificador, bata as bananas, o leite de coco, o óleo de coco e a essência de baunilha até obter uma massa homogênea. Junte as nozes, mexa e reserve.

2 Em uma panela, coloque o açúcar, a canela e a água. Leve ao fogo médio, mexendo bem até o açúcar se dissolver e formar uma calda. Deixe reduzir de volume até atingir o ponto de fio.

3 Despeje um pouco desse caramelo em uma fôrma de furo no meio com 24 cm de diâmetro, girando para cobrir o fundo e parte das laterais. Guarde o restante para regar o pudim depois de pronto.

4 Despeje a massa do pudim na fôrma preparada e leve ao forno em banho-maria por 40 minutos. Deixe esfriar antes de desenformar e então sirva gelado com o restante do caramelo. :)

Uma vez, usei o leite de coco caseiro e não coei. O resíduo do coco se tornou um ingrediente adicional e o pudim ficou delicioso! Se você não tiver o resíduo do seu leite, pode acrescentar ½ xícara de coco ralado, pois fica muito bom. :)

Bolo de baunilha com calda de pêssego

RENDIMENTO: 12 FATIAS

MASSA

5 bagas de cardamomo ou 1 colher (chá) de cardamomo em pó
¼ de xícara de óleo de girassol
¾ de xícara de leite vegetal (pp. 130-131)
1 xícara de açúcar demerara
1 colher (chá) de essência de baunilha
1 xícara de farinha de arroz integral
½ xícara de farinha de coco
½ xícara de fécula de batata
uma pitada de sal
1 colher (sopa) de fermento químico em pó

CALDA

5 pêssegos maduros
¼ de xícara de açúcar demerara
1 xícara de água
1 colher (chá) de essência de baunilha

O processo de cocção de todo bolo continua até ele esfriar. Portanto, quando a sua mãe ou a sua avó dizia para você não comer bolo quente, era porque o bolo ainda não estava pronto, com sua melhor textura e sabor. Ou vai ver que elas só não queriam que você comesse tudo antes da hora mesmo!

1 Preaqueça o forno a 180 °C e unte com óleo uma fôrma de 24 cm e furo no meio.

2 Em um liquidificador, bata as bagas de cardamomo com o óleo de girassol até que elas estejam bem trituradas. Acrescente o leite vegetal, o açúcar, a essência de baunilha e bata mais um pouquinho até que todos os ingredientes estejam bem misturados. Reserve.

3 Em um recipiente, coloque a farinha de arroz, a de coco, a fécula e o sal e misture bem. Despeje o conteúdo do liquidificador sobre a mistura seca e mexa até obter uma massa homogênea. Acrescente o fermento, incorporando-o à massa.

4 Transfira a massa para a fôrma untada e asse por 50 minutos.

5 Enquanto o bolo está assando, você pode fazer a calda: corte os pêssegos em pequenos cubinhos e reserve. Em uma panela, coloque o açúcar e, em fogo baixo, quando começar a derreter, acrescente os pedaços de pêssego, a água e a baunilha e mexa bem. Deixe ferver até reduzir e ficar em ponto de fio.

6 Espere o bolo esfriar antes de desenformar. Jogue a calda por cima do bolo já frio e seja (muito) feliz.

Sorvete de torta belga

RENDIMENTO: 4 PORÇÕES

CREME
1 xícara de castanha-de-caju crua
½ xícara de óleo de coco
½ xícara de tofu
½ xícara de melado de cana (opcional)
1 colher (sopa) de pasta de amêndoa (ver dica)
1 colher (chá) de essência de baunilha

CARAMELO
1 xícara de tâmaras
1 colher (sopa) de pasta de amêndoa (ver dica)
uma pitada de sal
¼ de xícara de amêndoas picadinhas
flor de sal para finalizar

1. Deixe as castanhas-de-caju de molho em água filtrada por pelo menos 6 horas e as tâmaras para o caramelo por pelo menos 2 horas. Descarte as águas de demolho, enxágue-as e escorra bem.
2. Em um processador, coloque as castanhas e o óleo de coco e bata até obter uma pastinha homogênea. Adicione os demais ingredientes do creme e bata até que você tenha uma mistura bem suave. Despeje em um recipiente e reserve.
3. Bata as tâmaras no processador até obter um purezinho e incorpore a ele a pasta de amêndoa e o sal. Pegue esse caramelo em colheradas e distribua-o pelo creme de baunilha.
4. Leve o sorvete ao congelador e mexa algumas vezes até obter uma consistência boa. Esse processo pode levar entre 2 e 4 horas e é importante que você mexa bem pelo menos a cada 1 hora para que o sorvete fique cremoso, e não uma pedrona de gelo.
5. Sirva gelado salpicado das amêndoas picadas e flor de sal. Lambuze-se naquele dia delicioso de verão!

Para fazer a pasta de amêndoa, aqueça 1 xícara de amêndoas cruas em forno a 180 °C por uns 10 minutos. Depois, bata no processador até obter uma farofa grossa. Continue a bater até virar uma pastinha, raspando a lateral do processador se necessário.

Blondie

RENDIMENTO: 10 PEDAÇOS

3 inhames
½ xícara de pasta de amêndoa (ver dica na p. 99), de amendoim ou manteiga de coco
½ xícara de açúcar demerara
¼ de xícara de farinha de aveia ou grão-de-bico
1 colher (chá) de fermento químico em pó
1 colher (chá) de extrato de baunilha
1 colher (chá) de canela em pó
uma pitada de sal
gotas de chocolate amargo e nozes para rechear

1. Antes de começar, prepare um purê de inhame: para isso, basta cozinhar ou assar os tubérculos, descascar e amassar bem com a ajuda de um garfo ou de um espremedor.
2. Então, preaqueça o forno a 180 °C e forre uma fôrma de pão de 12×27 cm com papel-manteiga e unte com óleo.
3. No liquidificador, bata o purê, a pasta de amêndoa e o açúcar até obter um creme homogêneo. Despeje o creme em um recipiente e misture os demais ingredientes, mexendo bem para incorporar.
4. Transfira a massa para a fôrma e leve para assar por 35 minutos. Retire do forno e deixe esfriar por pelo menos 15 minutos antes de cortar e comer.

Não deixe de provar a versão brownie de chocolate! Basta acessar o QR Code ou o link.

bit.ly/2HbiKYI

Cookie recheado

RENDIMENTO: 8 UNIDADES

1 xícara de açúcar mascavo
½ xícara de açúcar demerara
½ xícara de óleo de coco
4 colheres (sopa) de leite vegetal
   (pp. 130-131)
uma pitada de sal e de canela em pó
1 colher (chá) de essência de
   baunilha
1½ xícara de farinha de aveia
1 xícara de farinha de grão-de-bico
½ xícara de farinha de arroz
   integral
1 colher (chá) de fermento
   químico em pó
lascas de chocolate para rechear

Se você não puder usar a farinha
de aveia, substitua por farinha de
arroz, de grão-de-bico ou mesmo
de oleaginosas.

1 Preaqueça o forno a 180 °C e unte as assadeiras com óleo.

2 Em um recipiente, misture os açúcares, o óleo, o leite, o sal, a canela e a essência de baunilha. Mexa bem até dissolver a maior parte do açúcar. Acrescente os demais ingredientes e misture bem até obter uma massa homogênea.

3 Pegue um pedaço de massa e abra com as mãos, achatando-a para que você possa colocar as lascas de chocolate no meio. Atenção para não colocar muito chocolate senão ficará difícil de fechar o cookie. Envolva a lasca de chocolate com a massa, fechando-a e modelando-a direitinho para que o biscoito fique de fato recheado. Faça isso com toda a massa. Cuidado com o tamanho! Costumo fazer cookies com uns 6 cm de diâmetro.

4 Disponha os cookies nas assadeiras e asse por 12 a 15 minutos ou até que a parte de baixo esteja escurinha – ele ainda não estará crocante nesse momento.

5 Retire os cookies do forno, deixe-os esfriar por uns 3 minutos ainda na assadeira e depois, com a ajuda de uma espátula, coloque-os em uma grade para terminar de esfriar (a grade vai garantir que seus cookies permaneçam crocantes, pois, se você apoiá-los num prato ou numa superfície lisa, eles vão acabar suando e ficando borrachudos).

Brigadeiro de café

RENDIMENTO: 20 UNIDADES

2 xícaras de leite condensado vegano (p. 92)

2 colheres (sopa) de cacau em pó

1 colher (sopa) de azeite

1 colher (chá) de café instantâneo

½ colher (chá) de essência de baunilha

1 Em uma panela, coloque todos os ingredientes, misture e leve ao fogo alto até ferver. Reduza para fogo médio e vá mexendo até que a mistura desgrude do fundo.

2 Desligue o fogo e, se quiser enrolar o brigadeiro em bolinhas, espere esfriar; ou coma de colheradas enquanto ainda estiver quente (não dá dor de barriga, não, era papinho da sua avó, hahaha!).

Tudo bem sair da rotina e comer um docinho uma vez ou outra. Quando a vontade bater, procure se conectar com o alimento num sentimento de gratidão, e não de culpa! O poder da intenção é muito forte e é o que comanda como as suas células se comportarão em relação a esse alimento. Mantenha a frequência alta e vibre sempre no positivo!

Torta de chocolate

RENDIMENTO: 12 FATIAS

1½ xícara de grão-de-bico cozido

1 xícara de maçã sem cabo e sem sementes picadinha

½ xícara de melado de cana

½ xícara de cacau em pó

1 colher (sopa) de café solúvel (opcional)

1 colher (chá) de fermento químico em pó

1 colher (chá) de extrato de baunilha

uma pitada de sal

¼ de xícara de óleo de coco ou manteiga de cacau

⅓ de xícara (90 g) de chocolate amargo picado

1 Preaqueça o forno a 180 °C. Unte com óleo uma fôrma de fundo removível com 20 cm de diâmetro, forre o fundo com papel-manteiga e pincele com óleo.

2 Em um processador ou liquidificador, coloque o grão-de-bico, a maçã, o melado, o cacau, o café, o fermento, a baunilha, o sal e o óleo de coco derretido. Bata até obter um creme homogêneo.

3 Coloque o chocolate em um refratário encaixado em uma panela com água fervente e mexa até derreter (se preciso, leve o conjunto ao fogo baixo e tome cuidado para a água não encostar no fundo da tigela). Junte o chocolate derretido ao creme de grão-de-bico e misture bem para incorporar.

4 Despeje a massa na fôrma preparada e alise a superfície com uma espátula. Não tem problema se a torta ficar úmida no centro ou se as bordas ficarem mais altas do que o meio.

5 Asse por 30 minutos, até a superfície parecer seca; então cubra com papel-alumínio e asse por mais 20 a 30 minutos. Espere esfriar completamente antes de desenformar.

RECEITA NA PÁG. 110

Torta de limão

RENDIMENTO: 12 FATIAS

MASSA

1 xícara de farinha de aveia
½ xícara de farinha de coco
¼ de xícara de óleo de coco
¼ de xícara de melado de cana
2 colheres (sopa) de água

RECHEIO

sumo de 2 limões-cravo
3 colheres (sopa) de água
1 colher (café) de ágar-ágar
1½ xícara de leite condensado vegano (p. 92)
½ xícara de biomassa de banana-verde

COBERTURA

500 g de tofu
½ xícara de açúcar demerara batido no liquidificador
1 colher (chá) de essência de baunilha
sumo de ½ limão

Se você não puder usar a farinha de
aveia, substitua por farinha de arroz, de
grão-de-bico ou mesmo de oleaginosas.
Se não encontrar banana verde para
fazer a biomassa, experimente substituir
por inhame cozido, descascado
e amassado.

1 Preaqueça o forno a 200 °C e forre uma fôrma redonda de 20 cm e aro removível com papel-manteiga. Unte o papel com óleo vegetal e reserve.

2 Em um recipiente, misture as farinhas. Acrescente o óleo de coco e, com a ponta dos dedos, incorpore-o às farinhas, umedecendo-as bem. Acrescente o melado e a água e misture tudo até obter uma massa homogênea.

3 Disponha a massa na fôrma untada e faça furinhos por toda sua extensão para evitar que estufe – você também pode usar o peso de grãos como o feijão para evitar isso. Leve para assar por 20 minutos. Pronto! Você pode seguir com a receita ou congelar para usar depois. :)

4 Para fazer o recheio, coloque em uma panela o sumo do limão, a água e o ágar-ágar. Misture bem e, em fogo baixo, vá mexendo até levantar fervura. Continue mexendo por mais um tempinho (uns 2 minutos) e desligue o fogo. Imediatamente, despeje a mistura sobre o leite condensado e mexa bem, incorporando-o.

5 Fora do fogo, acrescente a biomassa de banana-verde à mistura de leite condensado e mexa até obter uma massa homogênea. Despeje o recheio sobre a massa e leve para gelar.

6 Enquanto isso, prepare a cobertura. Para isso, basta bater o tofu na batedeira ou no liquidificador com o açúcar, a baunilha e o suco de limão até ficar cremoso e aerado.

7 Despeje a cobertura sobre a torta e leve à geladeira novamente por 2 horas ou até que ela esteja firme e geladinha. :)

FOTO NAS PP. 108-109

Bebidas
para molhar o bico

Bebidinhas quentes

RENDIMENTO: 1 XÍCARA

Chocobranco

¼ de xícara de macadâmia

1¼ xícara de água filtrada

1 colher (sopa) de manteiga de cacau

4 gotinhas de essência de baunilha

açúcar de sua preferência a gosto

Chocoavelã

¼ de xícara de avelã

1¼ xícara de água filtrada

2 colheres (sopa) de biomassa de banana verde (opcional)

3 colheres (sopa) de cacau em pó

1 colher (sopa) de manteiga de cacau

4 gotinhas de essência de baunilha

açúcar de sua preferência a gosto

1 Deixe as macadâmias ou as avelãs de molho por pelo menos 6 horas. Passado esse tempo, escorra e descarte a água.

2 Aqueça a água filtrada até quase ferver. Em um liquidificador, processe as macadâmias ou as avelãs com ¼ da água quente, até que vire uma pastinha. Vá acrescentando o restante da água aos poucos, até obter o leite (geralmente bato por uns 2 minutos). Com a ajuda de um coador fino ou de um tecido, coe o leite e guarde o resíduo para outras receitas.

3 Despeje o leite e os demais ingredientes em uma leiteira e leve ao fogo baixo, mexendo sempre até incorporar tudo e o leite encorpar (gosto de usar o fouet para esse processo).

4 Quando o leite estiver mais grossinho, é só servir e ser feliz.

Para substituir a manteiga de cacau, você pode usar manteiga de coco, óleo de coco, óleo de macadâmia ou outro óleo de sua preferência, mas vale lembrar que somente a manteiga de cacau suaviza o gosto terroso do cacau e traz aquele sabor aveludado do chocolate e do creme de avelã.

Use um cacau em pó solúvel de boa qualidade, vai fazer toda a diferença!

Se você não quiser esperar o tempo de demolho, cozinhe as avelãs por uns 15 minutos em água fervente até que amoleçam bem, mas saiba que, dessa forma, perdemos um pouco da qualidade.

Refrigerante caseiro

RENDIMENTO: 4 COPOS

½ abacaxi orgânico com casca
½ xícara de açúcar mascavo
1 colher (sopa) de canela em pó
1 rodela média de gengibre
1 garrafinha (500 ml) de água
 com gás gelada
capim-limão para enfeitar

1 Higienize bem a casca do abacaxi e corte-o em pedaços pequenos, inclusive a casca.
2 Em um liquidificador, bata o abacaxi, o açúcar, a canela e o gengibre com um pouquinho de água filtrada, só o suficiente para quebrar bem as fibras da fruta. Coe e despeje a água com gás, já gelada, e sirva com capim-limão e cubinhos de gelo.

Você pode usar água natural e fazer um suco com os mesmos ingredientes. Também pode preparar o refrigerante de outros sabores, usando a criatividade e combinando diferentes ingredientes.

Pingado

RENDIMENTO: 2 XÍCARAS

1 colher (sopa) de café em pó
1 colher (chá) de cacau em pó
uma pitada de canela
2 xícaras de leite vegetal
  (pp. 130-131)
½ colher (chá) de essência de
  baunilha

1 Coloque o café, o cacau e a canela em um coador (de pano, de preferência) e despeje água fervente. Espere esfriar um pouco e preencha forminhas de gelo com essa mistura. Leve ao congelador até firmar.

2 Aqueça o seu leite vegetal e acrescente umas gotinhas de baunilha. Coloque um cubinho de café congelado e delicie-se! :)

Você pode brincar com os sabores do leite (ou mesmo da água), preparando cubinhos de diferentes ingredientes, como morango ou banana. Assim você obtém uma vitamina servida de forma criativa! :)

Caipirinha de mate

RENDIMENTO: 2 COPOS

1¼ xícara de chá mate pronto
½ xícara de cachaça envelhecida
¼ de xícara de melado de cana
sumo de 3 limões
folhas de hortelã e rodelas de limão para servir

1. Em uma jarra, coloque o chá, a cachaça, o melado e o suco de limão. Misture bem para dissolver o melado e incorporar todos os líquidos.
2. Encha os copos com gelo e enfeite com folhas de hortelã e rodelas de limão. Despeje a caipirinha e sirva em seguida.

A erva mate é muito tradicional no Brasil, e na região do Paraná encontram-se plantas de ótima qualidade. Cultivamos essa espécie e mantemos a tradição de tomar mate, e deveríamos fazer o mesmo com inúmeros outros alimentos. Há cerca de 130 alimentos em extinção só no Brasil por falta de uso e cultivo. Saiba mais, acessando o QR Code ou o link.

bit.ly/2HTDTFQ

Smoothie de coco

RENDIMENTO: 2 COPOS

2 xícaras de leite de coco (p. 131)
1 fruta-do-conde grande
coco fresco tostado para finalizar

1 Prepare seu leite de coco e reserve-o. Se preferir, pode comprar o leite de coco já pronto.

2 Corte a fruta-do-conde em pedaços pequenos, retire a casca e as sementes.

3 Em um liquidificador, bata o leite de coco e a polpa da fruta até obter um líquido cremoso e homogêneo. Se achar necessário, pode adoçar da maneira que preferir, até mesmo colocando mais fruta-do-conde. Sirva bem gelado com coco tostado salpicado por cima. :)

A fruta-do-conde é rica em carboidrato e frutose, tem gosto suave e pouca acidez, ou seja, uma boa pedida para adoçar os mais diversos preparos. Experimente!

Suco de laranja, camomila e maracujá

RENDIMENTO: 2 COPOS

2 xícaras de suco de laranja
1 xícara de chá de camomila bem forte
polpa de 1 maracujá
1 rodela fina de gengibre

1 Primeiro, prepare o suco de laranja espremendo a fruta até que ela solte todo o sumo. Coloque o suco de laranja e os demais ingredientes no liquidificador e bata bem até que o gengibre e as sementes do maracujá estejam triturados. Mesmo depois de bater bastante, você ainda vai conseguir ver algumas fibras do gengibre e pedacinhos das sementes do maracujá, mas é assim mesmo! Se preferir, pode coar, mas eu não acho necessário. Sirva bem gelado.

Alimentar-se é o ato mais íntimo que existe. Tudo o que comemos percorre nossas células e nutre cada uma delas. Os alimentos mais naturais e saudáveis têm energias mais leves e nos ajudam a vibrar em frequências mais altas; já os alimentos mais processados têm energias mais densas e acabam por prejudicar a nossa. Por isso, precisamos ter consciência e escolher os alimentos com carinho e responsabilidade, respeitar, olhar, cheirar, sentir, conectar. É tudo uma troca!

Base para tudo

Este creme pode ser usado de diversos jeitos, como rechear uma torta ou fazer um bom molho branco. Pode substituir o requeijão cremoso convencional, rende um belíssimo iogurte com textura incrível e serve de base para as mais maravilhosas musses. Ah, se quiser, substitua a castanha-de-caju ou o tofu por inhame, mas é bom lembrar que o sabor e a textura não ficarão iguais. :)

RENDIMENTO: 2½ XÍCARAS

1 xícara de castanha-de-caju crua
1 xícara de leite vegetal (pp. 130-131)
100 g de tofu

1 Deixe as castanhas de molho por pelo menos 8 horas. Escorra, descarte a água do demolho e lave-as bem.

2 Em um liquidificador, bata as castanhas com o leite por mais ou menos 2 minutos, até obter uma mistura cremosa; se for preciso, abra o liquidificador e vá raspando as beiradas até que fique tudo misturadinho.

3 Acrescente o tofu e bata bem até ficar bem homogêneo e com uma textura aveludada. Esta base é uma ótima substituta para o creme de leite! :)

Se for necessário, pode acrescentar um pouco de água, sempre lembrando que isso altera a consistência do preparo. ;)

Leites vegetais

Separei algumas dicas para tornar o preparo do leite vegetal um hábito mais fácil e frequente. São medidas simples que fazem toda a diferença.

PRÉ-PREPARO

Não tenho o costume de usar leites feitos à base de cereais porque acabo consumindo mais carboidratos do que fibras, já que elas são coadas. Portanto, se você quiser fazer leite de arroz, aveia etc., sugiro que misture alguma oleaginosa ou use o leite no preparo de algum prato com mais ingredientes.

Para fazer leite de oleaginosas, é necessário deixá-las de molho por 12 horas. Para facilitar esse longo processo, costumo quebrá-las em pedaços bem pequenos para hidratarem mais rápido.

Passado o tempo de demolho, escorra as oleaginosas e descarte a água. Costumo hidratar uma quantidade maior do que a que vou usar, pois separo em pequenas porções e congelo. No caso do leite de coco, você pode congelar as lascas da polpa. Como a durabilidade dos leites vegetais não é muito grande, dessa forma posso fazer leite fresquinho sempre que quiser. :)

COMO FAZER

O segredo é usar água bem quente e aos poucos. Coloque as oleaginosas no liquidificador e despeje só $1/4$ da água, batendo até virar uma pastinha. Depois adicione o restante da água e termine de bater. Isso faz com que o leite fique mais homogêneo e não se separe (sólidos/líquido) quando ficar na geladeira.

O leite de castanha-de-caju, quando bem-feito, não precisa ser coado, assim como o de inhame e o de macadâmia. Para os demais, use um coador fino, um pedaço de voal ou um tecido bem fininho.

Guarde o leite em um pote de vidro esterilizado. Para esterilizar o pote, deixe-o por alguns minutos no forno bem quente. A higiene do recipiente vai ajudar seu leite a durar uns 2 dias a mais.

Você também pode congelar o leite em pequenas porções, mas, como mencionei acima, acho mais fácil congelar as oleaginosas já hidratadas, até porque ocupam menos espaço do que o leite pronto.

COMO USAR O RESÍDUO

O resíduo que sobra no preparo do leite vegetal pode ser usado em diversas receitas.

Depois de preparar o leite, transfira o resíduo do coador para uma assadeira. Leve ao forno em temperatura baixa (tente deixar a porta entreaberta) para secar e virar uma farinha muito rica.

Você pode usar para fazer a #panquecaflordesal, a #farofaflordesal, #boloflordesal ou outras receitinhas. No blog, tem um post enorme com todas as dicas e receitas dos meus leites vegetais preferidos! Acesse o QR Code ou o link ao lado.

bit.ly/2q2WTuo

Leite de castanha-de-caju

Coloque 1 xícara de castanhas cruas em uma tigela e cubra com água. Cubra com um tecido fino e deixe de molho por 6-8 horas em temperatura ambiente. Passado esse tempo, escorra e enxágue bem as castanhas, descartando a água. Aqueça 3-4 xícaras de água filtrada e desligue o fogo assim que surgirem as primeiras bolhas de fervura. Bata as castanhas no liquidificador com 1 xícara de água até obter uma pastinha. Aos poucos, com o liquidificador ainda ligado, acrescente o restante da água até chegar no sabor e textura desejados Esse leite maravilhoso não precisa ser coado.

Leite de coco

Depois de retirar a água de 1 coco seco, envolva-o em um pano de prato e bata com um martelo até que se quebre (na minha forma ogra de fazer, jogo o coco no chão com bastante força, mas não posso recomendar que repitam isso em casa, hehehe). Coloque os pedaços do coco em uma assadeira e leve ao forno por uns 20 minutinhos em temperatura alta para a polpa se desgrudar da casca. Retire a polpa com uma colher e coloque no liquidificador. Junte 1 xícara de água fervente e bata por 1 minuto, até o coco ficar bem fino. Aos poucos adicione mais 2 ou 3 xícaras de água (dependendo da consistência que você quiser) com o liquidificador ainda ligado e bata até ficar homogêneo. Coe o leite e pronto!

Leite de inhame

Descasque e pique 3 inhames e cozinhe os pedaços em água até ficarem macios. Escorra e bata no liquidificador com 3 xícaras de água filtrada (se quiser, use algumas tâmaras para adoçar). Bata bem até ficar homogêneo.

RECEITAS NAS PP. 130-131

Para passar no pão

Acho que esta é uma dúvida comum de quem elimina os lácteos da dieta: o que passar no pão? Pensando nisso, selecionei algumas receitinhas básicas e práticas, que podem ser usadas não só no pão mas em diversas situações. Essas são só algumas sugestões, e nas próximas páginas você vai encontrar outras que também podem acompanhar um pãozinho ou uma torrada.

Maionese de semente de girassol

RENDIMENTO: 1 XÍCARA

½ xícara de sementes de girassol cruas
⅓ de xícara de água
sumo de ½ limão
2 colheres (sopa) de mostarda de Dijon ou escura
4 colheres (sopa) de azeite
sal e pimenta-do-reino a gosto

1. Deixe as sementes de girassol de molho por pelo menos 4 horas. Escorra as sementes e descarte a água, enxaguando bem.
2. Num liquidificador, bata as sementes de girassol com a água até obter um creme homogêneo. Acrescente os demais ingredientes e bata mais um pouquinho para incorporar.

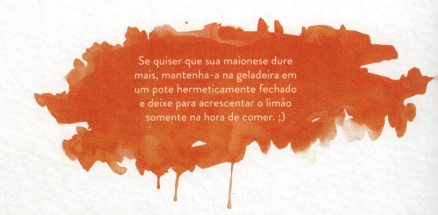

Se quiser que sua maionese dure mais, mantenha-a na geladeira em um pote hermeticamente fechado e deixe para acrescentar o limão somente na hora de comer. ;)

Queijo de palmito

RENDIMENTO: 2 XÍCARAS

⅓ de xícara de leite vegetal
  (pp. 130-131)
½ colher (chá) de ágar-ágar*
1 xícara de palmito
½ xícara de tofu
1 dente de alho sem casca
1 colher (sopa) de azeite
1 colher (sopa) de cebola picadinha
sal a gosto

Uma versão mais fácil e prática pode ser feita simplesmente batendo o palmito com azeite e um pouquinho de água no liquidificador até ficar cremoso. :)

1 Em uma panela, coloque o leite e o ágar-ágar e cozinhe até ferver. Transfira para o liquidificador e junte o palmito, o tofu, o alho, o azeite e a cebola. Tempere com sal e bata até que a consistência esteja bem cremosa e homogênea. Pode ser que você precise facilitar o processo com uma espátula.
2 Coloque a massa do queijo em um potinho e leve à geladeira por pelo menos 4 horas, até firmar. Use para comer com pão ou para cobrir a pizza da p. 56. ;)

Requeijão de inhame

RENDIMENTO: 2 XÍCARAS

1 xícara de inhame cozido sem casca
½ xícara de grão-de-bico cozido
⅓ de xícara de leite vegetal
  (pp. 130-131) ou água
3 colheres (sopa) de azeite
1 colher (sopa) de sumo de limão
  ou vinagre de maçã
sal a gosto

1 Em um liquidificador, bata todos os ingredientes até obter a consistência de um creme liso e homogêneo. :)

Para ficar com a textura mais cremosa e consistente, junte 1 colher (sopa) de polvilho azedo. :)

Pastinhas

Amo pastinhas! Adoro passar nas panquecas, incrementar o mingau, compor com outras receitas ou mesmo usar para comer com frutas, batatas, cenouras assadinhas. Não deixe de experimentar! :)

Homus

RENDIMENTO: 1 XÍCARA

1 dente de alho grande
1 xícara de grão-de-bico cozido
2 colheres (sopa) de azeite
1 colher (sopa) de tahine
½ colher (chá) de cominho
sumo de 1 limão
pimenta-do-reino e sal a gosto

1. Este é bem moleza! Descasque o alho e retire o miolinho branco para não ficar com bafo. :)
2. Em um liquidificador ou processador, coloque todos os ingredientes e bata bem até obter uma pastinha homogênea e deliciosa. Se for necessário, pode acrescentar um pouquinho de água para ajudar a bater.

Você pode usar esta receita como base para várias outras! Por exemplo, pode trocar o grão-de-bico por feijão-branco ou lentilha; o tahine por pasta de amêndoas; o cominho por alecrim; o limão por laranja, e assim vai... Para mais opções de pastinhas, acesse o QR Code ou o link. Divirta-se e delicie-se! ;)

bit.ly/2HSmuNH

Manteiga de coco

RENDIMENTO: 1½ XÍCARA

3 xícaras de coco seco ralado
½ xícara de óleo de coco em
  temperatura ambiente
2 colheres (sopa) de nibs de cacau
1 colher (chá) de essência de
  baunilha
raspas da casca de 1 tangerina
  (opcional)

1 Coloque o coco e o óleo de coco em um processador e bata bastante até obter uma pastinha homogênea. Esta receita também vai precisar que você tenha calma e paciência! Pode ser que seja necessário abrir a tampa do processador, raspar as beiradas e voltar a bater. O processo todo vai levar cerca de 10 minutos.

2 Quando finalizado, você pode acrescentar os nibs de cacau, a baunilha e as raspinhas de tangerina ou outras combinações que você achar interessante. :)

Patê de castanha-de-caju e ervas

RENDIMENTO: 1 XÍCARA

1 xícara de castanha-de-caju
  torrada
1 colher (sopa) de azeite
1 colher (sopa) de ervas finas
sal a gosto

1 Para facilitar o processo, você pode aquecer levemente as castanhas no forno por alguns minutos antes de começar. Isso vai fazer com que elas liberem o óleo mais facilmente e vai tornar o preparo mais rápido.

2 Em um processador bem potente, coloque todos os ingredientes e bata bastante até obter uma pastinha homogênea. Esse processo vai requerer calma e paciência! Pode ser que seja necessário abrir a tampa do processador, raspar as beiradas e voltar a bater, mas vale a pena, vai por mim! ;)

VINAGRETE DE MORANGO

MISSÔ DE ERVAS

CHUTNEY DE TOMATE

RECEITAS NAS PP. 140-141

Molhos

Sempre digo que quem não gosta de salada é porque nunca comeu uma deliciosamente temperada. Experimente estes molhinhos e desfrute a liberdade de criar a sua própria versão de salada com eles. Também podem ser usados para compor sanduíches e acompanhar tortas. Delicie-se!

Chutney de tomate

RENDIMENTO: 1½ XÍCARA

1 cebola pequena
1 dente de alho sem casca
1 pimenta dedo-de-moça pequena
1 lata de tomate pelado
1 colher (sopa) de azeite
uma pitada de cravo em pó
  e canela em pó
⅓ de xícara de açúcar mascavo
⅓ de xícara de suco de maçã
⅓ de xícara de vinagre branco
sal e pimenta-do-reino a gosto

1 Corte a cebola em cubinhos pequenos, amasse o alho, pique a pimenta (descarte as sementes), corte o tomate em cubos e separe os demais ingredientes.

2 Em uma panela quente, aqueça o azeite e refogue a cebola, o alho, a pimenta com o cravo e a canela. Adicione o tomate e cozinhe por alguns minutos. Acrescente o açúcar mascavo, o suco de maçã e o vinagre e tempere com sal e pimenta. Misture bem e deixe apurar em fogo médio-baixo durante cerca de 40 minutos, até reduzir bem.

Sirva com petiscos como a coxinha (p. 26) ou o hambúrguer (p. 54).

Missô de ervas

RENDIMENTO: ¼ DE XÍCARA

Acesse o QR Code ou o link para mais opções de molhos para salada.

bit.ly/2FZfAVw

4 colheres (sopa) de azeite
2 colheres (sopa) de missô
1 colher (sopa) de vinagre de maçã
1 colher (chá) de ervas finas
sal e pimenta-do-reino a gosto

1 Supermoleza! É só misturar bem todos os ingredientes e servir geladinho com aquela salada deliciosa de folhas. :D Adoro colocar sobre a quiche também.

Vinagrete de morango

RENDIMENTO: 2 XÍCARAS

1 xícara de morango sem cabinho e sem folhas
1 tomate maduro
3 rodelas de pimentão amarelo
½ cebola roxa
¼ de xícara de azeite
¼ de xícara de vinagre balsâmico
¼ de xícara de água filtrada
sal a gosto
folhinhas de manjericão fresco a gosto

1 Corte os morangos, o tomate e o pimentão em cubinhos. Pique a cebola bem miudinha.
2 Numa tigela, misture todos os ingredientes (exceto o manjericão) e mexa delicadamente.
3 Deixe na geladeira até a hora de servir para apurar o gosto.
4 Adicione as folhas de manjericão só na hora de servir para evitar que murchem. :)

O vinagrete fica ainda mais gostoso se preparado com antecedência. Para variar o sabor, substitua o manjericão por coentro fresco, salsinha ou a erva de que mais gostar.

Índice alfabético

Base para tudo **128**
Barrinha de cereal **81**
Biscoitinho de polvilho **21**
Blondie **100**
Bolinho de chuva com banana **31**
Bolo de baunilha com calda de pêssego **96**
Bolo de milho **39**
Brigadeiro de café **104**
Broa de fubá **74**
Carne de onça de berinjela **44**
Caipirinha de mate **121**
Chocoavelã **114**
Chocobranco **114**
Chutney de tomate **140**
Cookie recheado **103**
Cookies de cacau e tomilho **85**
Coxinha de cogumelos com requeijão **26**
Crackers **77**
Empadinha de homus com pimentão e espinafre **32**
Estrogonofe **67**
Feijão tropeiro **28**
Hambúrguer de tofu **55**
Homus **136**
Iogurte vegetal **82**
Leite condensado vegano **92**
Leite de castanha-de-caju **131**
Leite de coco **131**

Leite de inhame 131

Macarrão ao molho branco com brócolis e "bacon" de coco 63

Maionese de semente de girassol 134

Manteiga de coco 137

Missô de ervas 141

Muffin de banana e cacau 86

Nhoque de frigideira ao molho pesto de ora-pro-nóbis 60

Pão fácil 73

Pão sem glúten 70

Pãozinho de abóbora com alecrim 18

Panqueca prática 89

Pastel de farinha de milho recheado com casca de banana 22

Patê de castanha-de-caju e ervas 137

Petit gâteau de cenoura 36

Pingado 118

Pizza Margherita 56

Pudim de banana 95

Pudim de chia com frutas em infusão de capim-limão 78

Queijo de palmito 135

Quibe assado de grão-de-bico 52

Quiche de cogumelos, alho-poró e abobrinha 50

Refrigerante caseiro 117

Requeijão de inhame 135

Risoto de arroz negro com palmito e morango 59

Rosca de coco 35

Salada de batata 43

Salada de grãos e pancs 46

Smoothie de coco 122

Sopa creme de abóbora e maçã 64

Sorvete de torta belga 99

Suco de laranja, camomila e maracujá 125

Torta de chocolate 107

Torta de limão 110

Vinagrete de morango 141